POSITIVE *Psychologie*

Ein Leitfaden zur Beseitigung des Grübelns. Praktische Techniken und kleine Gewohnheiten, um Ängste abzubauen, negatives Denken zu eliminieren und den Seelenfrieden – den du verdienst – zu erreichen

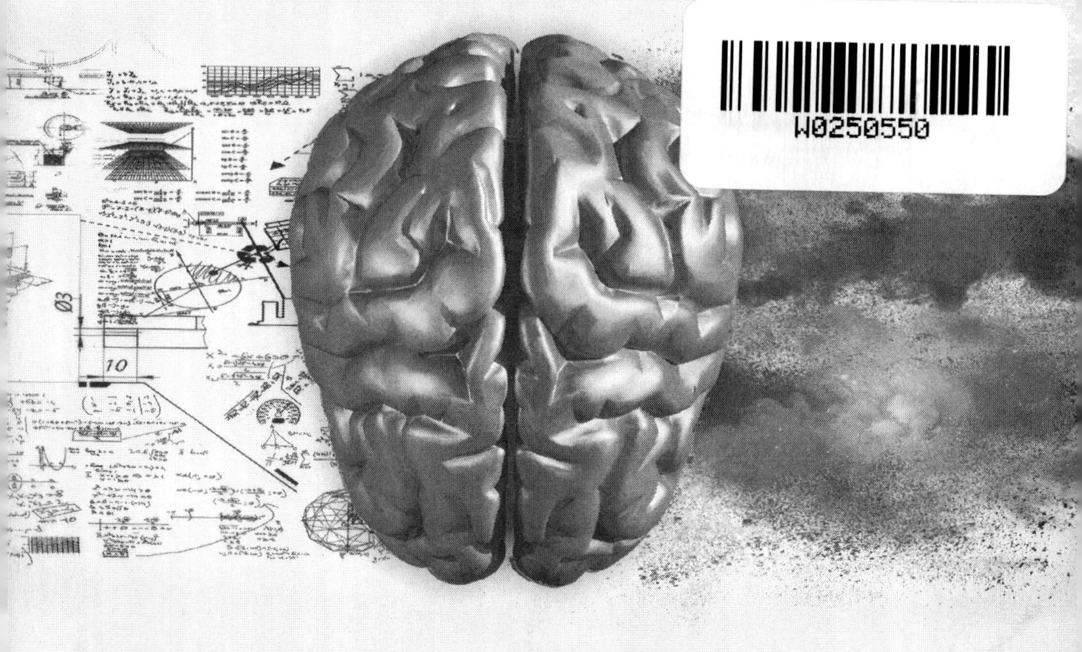

GEORGE CURE

POSITIVE PSYCHOLOGIE

Rechtlicher Hinweis

Die in diesem Buch enthaltenen Informationen und den Inhalt dieses Buches sind nicht dazu gedacht, irgendeine Form von medizinischer oder professioneller Hilfe zu ersetzen; noch ist es dazu gedacht, den Bedarf an medizinischer, finanzieller, rechtlicher oder anderer Beratung oder Dienstleistungen zu ersetzen, die möglicherweise erforderlich sind. Der Inhalt und die Informationen sind ausschließlich für Bildungs- und Erholungszwecke bestimmt.

Die Informationen wurden aus Quellen zusammengestellt, die zuverlässig sind, und die nach dem besten Wissen und Gewissen des Autors korrekt sind. Der Autor kann jedoch nicht für die Richtigkeit oder Gültigkeit der Informationen garantieren und kann daher nicht für Fehler und/ oder Auslassungen verantwortlich identifiziert werden. Darüber hinaus werden von Zeit zu Zeit die erforderlichen Änderungen an diesem Buch vorgenommen. Wenn es angebracht und/oder notwendig ist, sollten Sie einen Fachmann konsultieren (einschließlich, aber nicht beschränkt auf Ihren Arzt, Anwalt, Finanzberater oder einen anderen Fachmann), bevor Sie ein in diesem Buch vorgeschlagenes Mittel, eine Technik und/oder Informationen anwenden.

Durch die Verwendung der Inhalte und Informationen in diesem Buch erklären Sie sich damit einverstanden, den Autor von jeglichen Schäden, Kosten und Ausgaben, einschließlich Anwaltskosten, freizustellen, die sich aus der Anwendung der in diesem Buch enthaltenen Informationen ergeben könnten. Diese Warnung gilt für alle Verluste, Schäden oder Verletzungen, die durch die Anwendung des Inhalts dieses Buches direkt oder indirekt, durch Vertragsbruch, unerlaubte Handlung, Fahrlässigkeit, Körperverletzung, kriminelle Absicht oder unter anderen Umständen verursacht werden. Sie sind damit einverstanden, alle Risiken einzugehen, die sich aus der Nutzung der in diesem Buch enthaltenen Informationen ergeben. Sie erklären sich damit einverstanden, dass Sie bei der weiteren Lektüre dieses Buches, wenn es angebracht und/oder notwendig ist, einen Fachmann zu Rate ziehen werden (einschließlich, aber nicht beschränkt auf Ihren Arzt, Anwalt, Finanzberater oder einen anderen Fachmann), bevor Sie die in diesem Buch vorgeschlagenen Mittel, Techniken oder Informationen ausprobieren.

INHALTSVERZEICHNIS

POSITIVE PSYCHOLOGIE

EINLEITUNG

Das Denken ist die natürlichste Tätigkeit für uns alle. Der Mensch – ist nun einmal – ein neugieriges Wesen. Es ist aber möglich, dass du einen Schritt zurücktreten willst und verstehen willst, warum du zu viel nachdenkst, welche Auswirkungen das auf dich hat – entweder körperlich oder geistig – und wie du den Stecker ziehen könntest und dich endlich entspannen.

Wir können das Denken als die privilegierte Fähigkeit des Menschen betrachten. Wir denken nach, bevor wir etwas tun und bevor wir eine Entscheidung treffen sollen.

Aus diesem Grund kann das Denken auch eine Falle werden. Es kommt nicht darauf an, was man denkt, sondern wie man damit umgeht und wie viel Zeit man damit verbringt, es bis ins kleinste Detail zu überprüfen, auch die, die man sowieso nicht ändern könnte, selbst wenn man es wollte.

Wir müssen bedenken, dass das Grübeln über vergangene Ereignisse ein natürlicher und anpassungsfähiger Teil des Menschseins ist, bis man anfängt, über sein Grübeln nachzudenken.

Der menschliche Geist, der anscheinend in Ruhe ist, kann in der Tat sehr gestresst sein. Wenn es keine äußeren Reize, Herausforderungen oder Aktivitäten gibt, wandert das Gehirn durch vergangene und zukünftige Ereignisse und sucht nach Problemen.

Introspektion und Veränderung sind wichtige Faktoren für Problemlösungen und Selbstverbesserung. Verschiedene Längsschnittstudien haben gezeigt, dass diese Fa ktoren langfristig mit einer geringeren Depressionsrate verbunden sind.

Wenn das Nachdenken in Grübeln übergeht, wird es zu einer Herausforderung. Man denke nur an den Kontrast zwischen den gesundheitlichen Vorteilen eines Glases Wein an einigen Tagen in der Woche und den negativen Folgen der Alkoholabhängigkeit. Mäßigung ist ein Schlüsselfaktor, und die Qualität des Denkens ist ebenso wichtig.

Üb[illegible]nken bedeutet, sich über einen längeren Zeitraum mit einem Problem [illegible]häftigen. Es handelt sich um einen ständigen Prozess des Auswertens [illegible]ilens der eigenen Emotionen, zu dem auch das Grübeln gehören kann, bei dem eine Person dazu gebracht wird, vergangene oder gegenwärtige Entscheidungen und Handlungen gedanklich aufzuarbeiten. Sie kann in zwei Formen auftreten: Grübeln über die Vergangenheit und Sorgen über die Zukunft.

Das Grübeln umfasst eine Selbstbeurteilung; die Reflexion tendiert eher zur Selbstakzeptanz als zur Selbstkritik. Frage dich: ist meine Art zu denken konstruktiv? Überlegst du, wie du in Zukunft Probleme vermeiden oder mit unangenehmen Dingen umgehen kannst? Oder ist das Ergebnis, dass dein Selbstwertgefühl immer wieder Schlage erleidet und keine Besserung in Sicht ist?

„Weitergehen" ist nicht immer ein Allheilmittel für alle psychischen Problemen, aber wenn es um Grübeln geht, muss es getan werden. Weiterzugehen ist besser gesagt als getan, wenn der Verstand im Laufe der Zeit auf diese zyklischen Gedanken trainiert worden ist. Es scheint, als ob das Gehirn in **Treibsand wäre und nicht mehr herauskommen könnte.**

In einem sehr allgemeinen, nicht-wissenschaftlichen Sinne sind manche Menschen eher ehrgeizig und wettbewerbsorientiert, während andere als entspannter und weniger hektisch gelten. Diejenigen, die ehrgeiziger und wettbewerbsorientierter sind, neigen definitiv eher dazu, sich im Überdenken zu verlieren

POSITIVE PSYCHOLOGIE

KAPITEL 1

MERKMALE DES ZWANGSDENKENS

Einige Menschen, vor allem diejenige, die dazu tendieren, Ängste zu haben, denken zu viel nach. Die folgenden Anzeichen deuten darauf hin, ob du an diesem Syndrom leiden könntest.

1. Ständiges Grübeln

Definitionsgemäß ist das Grübeln eine zwanghafte Aufmerksamkeit, die sich gegen die Lösung von Symptomen des Leidens und gegen dessen mögliche Ursachen und Folgen richtet. In der Sprache der Laien bedeutet dies, dass man nicht anders kann, als sich über die verschiedenen Aspekte einer verwirrenden Situation Gedanken zu machen.

Du hast eine spannende Idee und fängst an, darüber nachzudenken. Situationen und Möglichkeiten werden allmählich erkundet. Mit der Zeit werden dir viele verschiedene Gedanken durch den Kopf gehen. Und du wirst jeden einzelnen von ihnen analysieren. Du denkst über sie nach und versuchst, eine bestimmte Meinung über das, was getan oder gesagt wurde, festzuhalten. Du kannst dich nicht entspannen. Du kannst dich nicht ausruhen. Diese Gedanken machen exzessive Denker nervös und geben ihnen den Eindruck, ständig unter Spannung zu stehen. Du verbringst viel Zeit damit, dir Gedanken über die geheime Bedeutung von Dingen zu machen, die andere gesagt haben, oder von Ereignissen, die sich ereignet haben. Du gehst in deinem Kopf die Gespräche durch, die du geführt hast, und konzentrierst dich auf all die Punkte, die du sagen wolltest, aber nicht gesagt hast.

Es gibt viele Fragen, die dir durch den Kopf gehen. Es scheint, als ob es ein Verhör wäre. Du stellst dich spezifische Fragen, anstatt das Problem nur im Allgemeinen zu sehen. Du versuchst gerade, alle Informationen, Situationen, Ergebnisse oder Entscheidungen zu rekonstruieren.

Während jeder Mensch hin und wieder etwas denkt, scheint es, dass manche Menschen nicht in der Lage sind, den Ausbruch ihrer Gedanken zu beruhigen. Der innere Monolog enthält zwei negative Denkgewohnheiten, nämlich Grübeln und Sorgen.

Es bedeutet, über die Vergangenheit zu grübeln. Diese Gedanken können Aussagen enthalten wie: „Das hätte ich in meine alte Karriere machen sollen. Wenn ich dort geblieben wäre, würde ich jetzt glücklicher sein". „Heute hätte ich ihm alles wiederholen sollen, was mein Vater mir gesagt hatte. Er schien nicht mit mir einverstanden zu sein". „Hätte ich meinem Freund nicht sagen sollen, was ich tue. Er wird sich ekeln, wenn er das hört".

2. Probleme in Entscheidungsprozesse

Zwanghafte Denker verschwenden viel Zeit, wenn es um Entscheidungstreffen geht, und finden es sehr schwierig, an Fragen sofort zu beantworten. Es ist auch möglich, dass sie ihre Entscheidungen zweifeln und bereuen.

Perfektionisten neigen dazu, zu viel zu denken. Es ist von entscheidender Bedeutung, wie sie in idealer Weise sein, handeln und wählen wollen.

Das bedeutet, dass ihre Fehler und Gefühle überprüft und kritisiert werden. Perfektionisten und Querdenkern fällt es schwer, die Zeit zu entschleunigen und die Gegenwart zu genießen. Zwanghafte Denker neigen dazu, eine Art perfektionistischen Ansatz zu verfolgen und fühlen sich gezwungen, jedes Problem zu lösen. Selbst wenn du um 2 Uhr nachts im Bett liegst, bist du in Gedanken versunken und würdest gerne etwas tun, um deine Sorgen zu lindern. Du kannst gar nicht anders, als dafür zu sorgen, dass alles in Ordnung ist. Du bist sehr darauf bedacht, die Dinge sorgfältig zu prüfen und sicherzustellen, dass die Ergebnisse mit dem Zeitplan übereinstimmen. Daher bist du eher ein organisierter Mensch, der sehr ergebnis- und zielorientiert ist.

Vielleicht erscheinst du in den Augen anderer als eine Person, die sich ihrer Entscheidungen nicht sicher ist, weil du immer zu viel darüber nachdenkst. Am Ende triffst du vielleicht sogar die beste Entscheidung, aber die anderen machen sich Sorgen und das Vertrauen wird erschüttert.

Manche Menschen brauchen viel Zeit, um zu antworten, warum sie zu viel über alles nachdenken. Sie brechen in Tränen aus, weil sie Zeit damit verbracht haben, Worst-Case-Szenarien durchzuspielen, die sie sich nicht einmal vorstellen konnten. Sie verbringen so viel Zeit damit, alle Vor- und Nachteile einer Entscheidung genauestens zu berechnen. Menschen sagen: „Triff einfach eine Entscheidung!", aber für sie ist es nicht so einfach. Ihr Gehirn hat mehr als 30 mögliche Alternativen gesammelt. Sie fühlen sich unwohl, wenn sie sich in Sekundenbruchteilen entscheiden müssen, vor allem, weil sie, wenn sie gezwungen sind, eine schnelle Entscheidung zu treffen, nach der Entscheidung viel Zeit damit verbringen, darüber nachzudenken, was hätte passieren können und wie glücklich sie gewesen wären, wenn sie die andere Option gewählt hätten. Sie treffen ungern eine Entscheidung, wenn sie nicht vorher genau überlegen können. Um mit diesem Unbehagen fertig zu werden, versuchen sie, die gleichen Entscheidungen und Wahlmöglichkeiten zu wiederholen. Wenn sie zum Beispiel in einem Restaurant immer wieder dasselbe Gericht bestellen, bereuen sie diese Entscheidung nicht, denn die Erfahrung hat sie gelehrt, dass dies eine Möglichkeit ist, die für sie funktioniert.

Manchmal können sie langsam an dem Arbeitsplatz sein, weil sie sich vielmals fragen, wie sie die Aufgabe in der richtigen

Art und Weise machen sollten. Man fragt sich oft, ob die eigenen Verwandten wirklich einverstanden sind, mit dem, was man tut, und ob sie sich in deiner Gesellschaft wohlfühlen. In der Tat, es gibt immer etwas Unnötiges, über das man nachdenken muss.

3. Programme annullieren

Wer zu viel nachdenkt, sagt Pläne ab, egal ob es sich um Verabredungen mit jemandem handelt oder um Verpflichtungen, die er für sich selbst eingegangen ist, weil er ständig denkt, dass etwas Falsches oder Schreckliches passieren wird, oder dass die Menschen, mit denen er sich treffen wollte, nur aus

Mitleid oder aus Pflichtgefühl etwas mit ihm vorhaben – oder dass die Person, auf die sie lange gewartet haben, kommt, ohne sie zu treffen.

Sie ziehen nur voreilige Schlüsse in eine negative Richtung. Sie werden sich viele Gedanken darüber machen, was falsch laufen könnte, und Beweise finden, die ihre Annahmen auf irrationale Weise unterstützen.

4. Emotionale Abwesenheit

Ein anderes häufiges Problem für sensible zwanghafte Denker ist, dass sie normalerweise nicht mit ihrer Umgebung und den menschen um sie herum in Verbindung treten können, egal wie sie sich bemühen.

Deshalb sind sie viel erfolgreicher, wenn sie individuell arbeiten oder Tätigkeiten ausüben, die nicht zu ihrer täglichen Routine gehören. Manchmal wissen … cht, was in ihrem Umfeld vor sich geht, weil sie sich mit Geschehnissen … er Vergangenheit beschäftigen oder sich über Dinge sorgen, die in der … ft geschehen könnten.

5. Konzentrationsschwäche

Du könntest dir vorstellen, dass du im Multitasking bist, und das könnte auch wahr sein, aber wenn du dich nur auf eine Sache konzentrierst, kann es schwierig sein andere – manchmal dringender - Aktivitäten zu erledigen, z.B. eine Arbeitspräsentation zu beenden oder ein Referat zu schreiben.

Wenn man zu viel nachdenkt, verliert man die geistigen Ressourcen, die man benötigt, um Projekte abzuschließen, zu arbeiten oder sogar seinen Lebensraum zu verschönern. „Wenn du dich auf ein großes Projekt oder eine wichtige Entscheidung konzentrierst, vernachlässigst du das tägliche Leben und seine notwendigen Tätigkeiten. Du rennst weg, als ob sie nicht ganz präsent wären. Du starrst nur die Wand an. Wenn die Menschen es bemerken, sagen sie einfach: „Tut mir leid, ich war abgelenkt. Hast du was gesagt?". Und sie hoffen, dass sie weitergehen können, ohne weitere Fragen zu stellen.

Manche wirken eher distanziert, starren ins Leere, tappen im Dunkeln und sie stammeln, wenn sie etwas gefragt werden. „Ist dein Kopf da?", „Du hörst nicht zu", hören sie sich selbst antworten.

Zwanghafte Denker sind es gewohnt, über mögliche Situationen in der Zukunft nachzudenken, die wie geplant eintreten sollten. Man verliert sich in Gedanken, ist gestresst, wenn es zu viel zu bedenken gibt oder zu viel schief geht, und dann kommen die Kopfschmerzen, über die man auch noch klagt. Der Verstand interpretiert jede mögliche und unmögliche Situation, die im Laufe des Tages eintreten könnte. Es kann sein, dass sie notwendige Angelegenheiten, z. B. Arzttermine, aufschieben, weil sie zu viel über weniger wichtige Dinge nachdenken. Sie könnten auch denken, dass sie mit ihrem kleinen Problem die Zeit des Arztes vergeuden, dass die Leute schlecht von ihnen denken werden, als ob sie Aufmerksamkeit suchen würden. Am Ende werden sie so verängstigt sein, dass sie keine Hilfe suchen werden. Sie fühlen sich sowohl erleichtert als auch unglücklich, weil sie in ihrem Gesundheitsproblem feststecken, aber sie vermeiden das, was sie am meisten beunruhigt. Es braucht viel Enthusiasmus von Freunden und Familienangehörigen, um sie zu entsperren.

Sie fühlen sich jedes Mal gestresst, wenn sie daran denken, einen Termin zu vereinbaren.

6. **Probleme mit Freunden**

Es ist schwierig mit jemandem zu leben, der zu emotional, analytisch, nervös, neurotisch oder leidenschaftlich ist. Diese Menschen brauchen alle möglichen und vorstellbaren Informationen, um eine Entscheidung zu treffen.

Du wirst lange brauchen, um etwas zu kaufen, weil du Fotos von allem machst und sie deinen Freunden zur Genehmigung schickst. Du denkst, du brauchst ihre Meinung zu deiner Kleidung, aber das stimmt nicht. Es ist wichtig, dass du hin und wieder deinem Instinkt vertraust. Du könntest von den Ergebnissen überrascht sein, die du dir selbst ausgedacht hast.

Außerdem wer zu viel nachdenkt, will immer entziffern, was die andere Person gesagt hat. Dies ist besonders schwerwiegend für Menschen mit empathischen und sensiblen Persönlichkeiten. All diese Überlegungen werden sie wahrscheinlich in den Wahnsinn treiben. Außerdem können andere nicht verstehen, warum man ständig jedes Detail eines Ereignisses analysieren muss.

7. **Insomnie**

Nun, wenn man unter Schlaflosigkeit leidet, ist übermäßiges Nachdenken oft der Grund dafür. Es ist schwierig, Geist und Körper zu beruhigen, wenn das Gehirn auf Hochtouren läuft. Das gemeinsame Problem fast aller Überdenker ist, dass sie unter Schlaflosigkeit leiden können.

Gerade kurz vor dem Einschlafen können unsere schlimmsten Gedanken die Oberhand gewinnen. Dies ist die Zeit, in der der Denker beginnt, alles, was er gesagt und getan hat, zu analysieren. Dein Gehirn läuft hektisch den Gedanken hinterher, und das bedeutet, dass du keine Chance auf einen erholsamen Schlaf hast. Selbst wenn man versucht, sich zu entspannen, fühlt man sich aktiv und im Kopf beschäftigt. Es ist, als ob du nicht schlafen könntest, weil dein Gehirn nicht abschalten zu können scheint.

8. **Angstblöcke**

Das Grübeln ist meistens ein Teufelskreis, der zu einem Strudel von Ängsten führt, der so weit geht, dass man nicht mehr weiß, was man machen soll. Es kann zu einer destabilisierenden Unsicherheit führen und dich potenziell dem [illegible]ko langfristiger psychischer Probleme und emotionaler Belastungen aussetzen. Übermäßiges Denken blockiert, wenn die Angst dich daran hindert, Dinge zu tun oder in deinem Leben voranzukommen. Dazu gehört in der Regel das typische „Was wäre, wenn?"und folglich über alles nachzudenken, was schief gehen könnte. Man verbringt viel Zeit damit, sich über etwas Sorgen zu machen, worüber man eigentlich keine Kontrolle hat. Es ist nicht möglich, die Sorgen, die peinlichen Momente oder die Fehler, die man immer wieder erlebt, einfach auszublenden. Wenn jemand auf eine Weise gesprochen oder gehandelt hat, die ihm nicht gefallen hat, interpretierst Du dies in deinem Kopf weiter.

POSITIVE PSYCHOLOGIE

KAPITEL 2

DIE URSACHEN DES ZWANGHAFTEN DENKENS

Das zwanghafte Denken ist sehr häufig und kann folgende Ursachen haben:

1. **Unsicherheit**

Unsicherheit ist auf mangelndes Selbstvertrauen zurückzuführen und äußert sich darin, dass man sich ständig Gedanken darüber macht, wer man ist und wie man sich in der Welt behaupten kann. Sie kritisieren ständig die Art und Weise, wie sie Dinge tun, wie zum Beispiel das Essen in der Öffentlichkeit. Sie werden denken: „Oh Gott, habe ich das richtig gemacht?“ Sie gehen auch Gespräche im Kopf durch, um sicherzugehen, dass sie nichts gesagt haben, was jemanden beleidigen könnte. Sie analysieren rekursiv die Mimik und Körpersprache anderer Menschen, ganz zu schweigen von jeder kleinen Veränderung im Tonfall. Sie machen sich Sorgen über eine leichte Veränderung im Tonfall der Person und entschuldigen sich für etwas, das sie falsch gemacht haben könnte. Es tut mir leid, dass ich nervig bin, es tut mir leid, dass mir das so wichtig ist, es tut mir leid, dass ich zu viel rede. Jede Kleinigkeit macht dir Sorgen, denn dein Verstand sagt dir, dass andere Leute auf dich wütend sind, und deshalb hast du das Gefühl, auf der Hut zu sein. Du fühlst dich sehr schlecht, wenn du jemanden unabsichtlich verletzt hast, und entschuldigst dich eine Million Mal.

2. **Schwaches Selbstwertgefühl**

3. **Traumatische Erlebnisse**

Wenn ein Projekt, das du begonnen hast, fehlgeschlagen ist, könntest du Jahre damit verbringen, darüber nachzudenken, welcher falsche Schritt zum Scheitern geführt hat, anstatt darüber nachzudenken, was du aus der Erfahrung oder den Kontakten, die du aufbauen konntest, lernen kannst. Aber das Nachdenken löst all diese negativen Emotionen aus: Scham, Traurigkeit, Wut - immer wieder.

Manchmal sind Überdenker verschlossen und schweigsam, weil sie damit beschäftigt sind, den Leuten richtig zuzuhören und darauf zu achten, dass sie nichts Dummes sagen.

Sie sprechen kaum und lassen sich kaum auf soziale Situationen ein, es sei denn, sie sind mit engen Familienmitgliedern zusammen, um nicht etwas Falsches zu sagen.

Sie sorgen sich oft darum, was die anderen Leute denken könnten, wenn etwas passiert. Sie gehen davon aus, dass es bei jedem Problem um sie selbst geht, und anstatt es zu lösen, ertrinken sie darin und denken zu viel darüber nach. Wer zu viel nachdenkt, will immer sicherstellen, dass er anderen keinen Ärger macht. Sie erklären sich zu ausführlich und schämen sich dann dafür, wie lange sie schon reden und was sie gesagt haben, um sich einen Sinn zu verschaffen.

Einige Menschen sind ständig auf der Suche nach Bestätigung, weil ihr Verstand ihnen jede Minute andere Geschichten erzählt. Das Bedürfnis nach Beruhigung ist nicht leichtfertig, aber die Menschen verstehen es nicht und beginnen daher, es abzulehnen. Dies führt nur dazu, dass die Überlegungen noch schlimmer werden. Es gibt Menschen, die ihre Partner tausendmal am Tag fragen, ob sie wirklich glücklich mit ihnen sind, obwohl sie ihnen schon tausendmal am Tag „ja" gesagt haben. Manche gehen sogar so weit zu glauben, dass ihre engen Freunde nichts mehr mit ihnen zu tun haben wollen, wenn sie eine Zeit lang nichts von ihnen hören.

Man hat Angst, gescheiterte Muster aus früheren negativen Erfahrungen zu wiederholen, und deshalb hat man buchstäblich Pläne für alles, was man tut, und für jede Entscheidung, die man trifft.

Man hat das Gefühl, mehr Kontrolle zu haben, wenn man alles geplant hat, selbst wenn die Situation anders ausgeht als erhofft, denn dann weiß man, was schlecht gelaufen sein könnte, und man hat bereits einen anderen Plan, it dem schlechten Ergebnis umzugehen.

Alles wird geplant, und dann werden auch alle Alternativen berücksichtigt. Solche Denker bereiten alles vor, was sie für ein paar Stunden unterwegs oder von zu Hause aus brauchen. Sie müssen die Uhrzeiten und Daten von Dingen Monate im Voraus kennen. Sie müssen planen, wann sie aufwachen, was sie anziehen werden, wenn sie an einen bestimmten Ort gehen wollen. Sie verfallen in Panik, wenn jemand die Zeit nicht im Voraus angibt, und wenn sie ein paar Minuten später kommen, ärgern sie sich über sich selbst, weil sie sich als Versager fühlen.

4. **Angst**

Übermäßiges Nachdenken führt dazu, dass man sich Sorgen macht, die oft zu körperlichen und seelischen Erkrankungen führen. Sorgen sind mit negativen, oft katastrophalen Vorhersagen über die Zukunft verbunden. Man denkt vielleicht etwas wie: „Morgen werde ich mich bei dem Treffen mit meinen Schwiegereltern blamieren, sie werden mich ablehnen“,„Ich werde nie befördert werden. Egal, was ich dagegen tue. Das wird nicht passieren“, „Mein Mann wird jemanden finden, der besser ist als ich. Ich werde geschieden und allein enden”.

POSITIVE PSYCHOLOGIE

KAPITEL 3

DIE NACHT IST DIE SCHLIMMSTE ZEIT FÜR DIEJENIGEN, DIE ZU VIEL DENKEN. WARUM?

Über-Denker sind im allgemeinen Perfektionisten und stets motiviert, alle Alternativen zu prüfen, um alle Eventualitäten zu lösen. Sie handeln immer, um ihre Sorgen zu lindern, selbst wenn sie um Mitternacht im Bett liegen und in Gedanken versunken sind. Ein wichtiger Arbeitstermin, ein Gespräch, das nicht wie erhofft verlaufen ist, oder Rechnungen, die bezahlt werden müssen. In einigen Nächten scheint das Gehirn nicht abschalten zu können, und bald ist es 2 Uhr morgens, und der Wecker wird in weniger als 5 Stunden klingeln. Im Geiste erlebt man den vergangenen Tag noch einmal, während man gleichzeitig eine Vorschau auf den nächsten Tag gibt. Manchmal kramt man sogar etwas Peinliches aus der Schulzeit aus den Archiven hervor.

Unruhige Gedanken können ein Zeichen für eine ernste psychische Erkrankung wie Angst sein. Aber diese Nächte passieren jedem von Zeit zu Zeit, und wenn man erst einmal erwachsen ist, weiß man nicht immer, was man machen soll. Wenn dir ständig katastrophale und ängstliche Gedanken durch den Kopf gehen, kann das sehr anstrengend sein, wenn du müde bist.

Wir leben in einem hochgradig vernetzten Zeitalter voller Informationen, Kommunikation, Benachrichtigungen und Reize. Du kannst nicht einfach dein Gehirn abschalten und schlafen gehen. Es braucht Zeit, um die Informationen des Tages zu verarbeiten und zu verdauen.

Wie etwa die Regel, nach dem Essen eine Stunde zu warten, bevor man schwimmt.

Das heutige Leben ist nicht einfach: Sorgen um Geld, Wohnung, Arbeit, Beziehungen und das Streben nach Erfolg sind die Faktoren, die den meisten Menschen Sorgen bereiten.

Darüber hinaus bietet die nächtliche Atmosphäre die perfekte Umgebung, um über alles nachzudenken.

Das Fehlen anderer Reize wie Licht, Lärm, Fernsehen und Telefon ermöglicht es unserem Kopf, all die Gedanken abzurufen, die wir im Laufe des Tages verdrängt haben.

Diese Situation scheint sich zu verstärken, wenn Menschen versuchen zu schlafen, wenn sie nicht müde sind. Das fehlende Schlafbedürfnis des Gehirns kann den Gedankenkreislauf ununterbrochen werden lassen. Was könnte sonst zu einer hohen Denkleistung vor dem Schlafengehen führen?

Das Essen, das beim Abendessen gegessen wird?

Die Menge Wasser, die du an einem Tag trinkst?

Das Gehirn ist immer aktiv, auch wenn man schläft. Diese Aktivität ist der Grund, warum wir manchmal unsere Träume beeinflussen können: Die letzten Gedanken vor dem Einschlafen gelangen in unsere Traumwelt. Manchmal können diese letzten Gedanken die Entspannung verhindern, die für den Schlaf nützlich ist. Dies gilt insbesondere für Gedanken, die Stress, Angst oder Frustration verursachen. Manchmal können Sorgen einen echten Einfluss auf uns haben.

Wir können nicht schlafen, weil wir über solche Sachen nachdenken.

Menschen, die unter Stress, Ängsten, Depressionen und Schlaflosigkeit leiden, sagen oft, dass hektische und aufdringliche Gedanken das Einschlafen schwerer machen als jede andere Art von Unbehagen oder körperlichen Schmerzen. Wenn Menschen mit Insomnie versuchen zu schlafen, versuchen sie daher in der Regel, die Gedanken zu verdrängen, die sie am Schlafen hindern. Dies mag auf den ersten Blick vernünftig erscheinen, kann aber auf lange Sicht mehr Probleme verursachen als lösen.

Wenn du effektive Methoden zum Umgang mit aufdringlichen Gedanken anwendest, wird die Zeit zwischen dem Zubettgehen und dem Einschlafen weniger schwierig sein.

Wenn du weißt, wie du am besten mit dieser Art von Gedanken umgehst, fällt es dir vielleicht auch leichter, wieder einzuschlafen, wenn dein Schlaf durch hektische, aufdringliche Gedanken unterbrochen wird.

Übermäßiges Nachdenken in der Nacht ist vor allem darauf zurückzuführen, dass das Gehirn analysiert, was tagsüber passiert ist.

Weil die Stunden heutzutage so voll sind und wir mit Informationen bombardiert werden, haben wir im Moment keine Zeit, sie zu verarbeiten.

Wir haben während des Tages nicht genug Zeit und Raum, um das Geschehen zu verarbeiten und ihm einen Sinn zu geben. Manchmal ist die einzige Zeit, in der wir das tun können, wenn wir im Bett sind.

Übermäßiges Denken in der Nacht hält uns wach und hindert uns am Schlafen, obwohl wir uns ausruhen müssen, um Energie für den kommenden Tag zu haben. Angst kann jeden Aspekt des Lebens betreffen, aber manchmal manifestiert sie sich in der Stille der Nacht und hindert uns am Einschlafen oder weckt uns in den frühen Morgenstunden auf.

Das ist zwar nervig und ärgerlich, aber schlechter Schlaf macht am nächsten Tag noch nervöser.

Nach einem langen Tag geht man ins Bett und wartet darauf, dass der Schlaf kommt, aber der Geist hat andere Pläne.

Anstatt ruhig zu schlafen, denkt man über die Arbeit, Rechnungen oder ein peinliches Gespräch vom Vortag nach, und schon bald ist der Kopf voller Sorgen, vor allem, wenn man sich ganz allein fühlt.

Am schlimmsten ist es, wenn es zu Panikattacken kommt, bei denen sich die Brust zusammenzieht. Man hat das Gefühl, nicht atmen zu können und schwitzt in der Nacht. Am nächsten Tag fühlt man sich ausgelaugt, kann nur schwer arbeiten und hat Mühe, aufzustehen, was den ganzen Tag verlangsamt.

Der Schlaf hat die Funktion, Entspannung zu fördern und gibt die Möglichkeit, sich vom Stress des Tages zu erholen.

Dies gilt jedoch nicht für Menschen, die nachts mit Angstzuständen und Panikattacken zu kämpfen hatten. Es gibt keine einzelne Ursache für nächtliche Angst- und Panikattacken, sondern können mehrere Faktoren eine Rolle spielen. Das Gehirn ist ständig in Betrieb, so dass sich verdrängte Sorgen oder Ängste in unserem Unterbewusstsein manifestieren können, was zu nächtlichen Panikattacken führt.

Allein das Wissen, dass andere Menschen ruhig schlafen, kann zu einem Gefühl der Isolation führen und den Zustand der Angst sogar noch verschlimmern. Kleine Probleme, wie das Vergessen, einen Brief abzuschicken, können plötzlich ernster erscheinen, als sie tatsächlich sind. Diejenigen, die tagsüber mit Angstzuständen und Panikattacken zu kämpfen haben, erleben diese

Symptome mit größerer Wahrscheinlichkeit nachts, da es zu dieser Zeit keine Ablenkungen gibt, die die Aufmerksamkeit von den übermäßigen Sorgen ablenken, und es ist sehr wahrscheinlich, dass sich die Angst noch verstärkt und die Qualität des Schlafes beeinträchtigt.

Nächtliche Ängste können intensiv werden, weil Menschen, die dazu neigen, Sicherheit zu suchen - ein typisches Merkmal von Menschen mit Ängsten -, feststellen, dass nachts die meisten Hilfsangebote nicht zur Verfügung stehen, weil sie geschlossen sind oder weil andere schlafen und es niemanden gibt, mit dem sie reden können.

Die Beziehung zwischen Schlaf und psychischer Gesundheit ist sehr eng miteinander verknüpft. Wenn man schlecht schläft, fühlt man sich am nächsten Tag noch müder, was die Lage noch schwieriger und stressiger machen kann, was wiederum zu einer Verschlimmerung der Angstzustände und einer weiteren Nacht mit Schlafstörungen führt.

Die Stille und die Dunkelheit der Nacht lassen uns negative Gefühle wie Angst, Einsamkeit und Beklemmung empfinden. Diese Emotionen führen dazu, dass man in einen insgesamt negativen Status gerät. Ganz gleich, ob man sich für den Fehler, den man letzte Woche gemacht hat, schimpft oder sich Sorgen macht, ob man morgen erfolgreich sein wird - übermäßiges Grübeln kann schwächend sein. Die Unfähigkeit, mit dem Überdenken aufzuhören, führt dazu, dass man ständig in Schwierigkeiten gerät. Überdenken ist mehr als nur ein Konzept, das zeigt, wie sich das übermäßige Denken ernsthaft auf das Wohlbefinden des Einzelnen einwirken kann. Hier sind einige der Gefahren des Grübelns:

1. Erhöht das Risiko der Entwicklung einer geistigen Gebrechlichkeit

Forscher zeigen, wie Mangeln, Fehler und Problemen das Risiko eine psychische Krankheit erhöhen. In diesem Kontext kann das Grübeln dir in einen Teufelskreis bringen, der schwer zu brechen ist.

Das Grübeln verursacht Schäden an deine psychische Gesundheit; tatsachlich nimmt die Neigung zum Grübeln und Grübeln zu, wenn sich die psychische Gesundheit verschlechtert.

2. Beeinträchtigt die Fähigkeit, Probleme zu bewältigen

Die Forschung zeigt die Dynamik, durch die Überdenker glauben, dass rekursives Nachdenken über Probleme ihnen helfen kann, bessere Lösungen zu finden. Diese Forschung zeigt aber auch, dass es zu einer echten Lähmung kommen kann, weil eine zu starke Analyse die Fähigkeit, Entscheidungen zu treffen, drastisch einschränkt. Auf diese Weise ist man auf das Problem fixiert, anstatt eine Lösung zu finden. Selbst einfache Entscheidungen, wie die Wahl des Outfits für ein Vorstellungsgespräch oder die Entscheidung für ein Urlaubsziel, können sich für einen Grübler anfühlen, als ginge es um Leben und Tod. Ironischerweise werden all diese Überlegungen dir nicht helfen, eine bessere Wahl zu treffen.

3. Beeinflusst den Schlaf

Wer zu viel nachdenkt, weiß bereits, dass es unmöglich wird zu schlafen, bis sich seine Gedanken beruhigt hat. Studien zeigen, dass Grübeln und Sorgen dazu führen, dass man weniger Stunden Schlaf genießt. Es ist wahrscheinlicher, dass du dich stundenlang im Bett hin und her wälzt, bevor du endlich einschlafen konntest. Außerdem beeinträchtigt übermäßiges Denken auch die Qualität des Schlafes. Es ist unwahrscheinlich, dass du einen tiefen, wirklich erholsamen Schlaf bekommst, wenn du immer wieder an dieselbe Situation denkst.

4. Erhöht Negativität

Wenn man zu viel nachdenkt, kann man in der Blase der Negativität gefangen sein, die Angst davor mit sich bringt, Risiken einzugehen, mit anderen in Kontakt zu treten und die bedeutenden und notwendigen Anstrengungen zu unternehmen, um in dem, was man sich vorgenommen hat, erfolgreich zu sein. Es kann schwierig und sogar anstrengend sein, eine Beziehung mit den Menschen aufzubauen, die einem am meisten am Herzen liegen. Übermäßiges Nachdenken mit seinen typischen Vorhersagen über mögliche Misserfolge und katastrophale Folgen kann die Motivation und die Kraft schwächen, die man braucht, um engagiert zu arbeiten und sich für das zu engagieren, was getan werden muss. Der erste Schritt, um dies zu vermeiden, ist Selbstbewusstsein. Zunächst solltest du darauf achten, was du denkst. Wenn du bemerkst, dass du Dinge in deinem Kopf immer wieder wiederholst oder dich mit Dingen beschäftigst, die sich deiner Kontrolle entziehen, solltest du erkennen, dass deine Gedanken nicht produktiv sind. Du musst selbstbewusst und auf deine eigenen Gedanken achten. Sobald du erkennst, dass du zu viel denkst, kannst du Techniken anwenden, um das zu verhindern. Wenn du merkst, dass du grübelst, frage dich: „Kann ich etwas Konkretes dagegen tun?“ Sag dir selbst ehrlich, wenn du nicht handeln kannst, ist es besser, dich abzulenken und etwas anderes zu tun.

Auch wenn du dazu neigst, den negativen Weg des Überdenkens einzuschlagen, solltest du nicht zulassen, dass diese Faktoren dich lähmen. Nimm das Überdenken zur Kenntnis, nenne es beim Namen und versuche, weiterzugehen.

POSITIVE PSYCHOLOGIE

KAPITEL 4

ERFOLGREICHE STRATEGIEN ZUR BEFREIUNG DES GEISTES UND ZUR ENTWICKLUNG POSITIVER UND ZUVERSICHTLICHER EINSTELLUNGEN

Menschen, die eine Tendenz zur pathologischen Angst entwickelt haben, sind sehr empfänglich für jede Art von Bedrohung oder Gefahr. Besteht auch nur der geringste Zweifel daran, ob eine Situation gefährlich sein könnte oder nicht, neigt ihr Instinkt dazu, sie als gefährlich zu betrachten. Menschen, die ängstlich sind, glauben oft, dass ihre Befürchtungen etwas Gutes sind, weil sie ihnen helfen, sich auf das Schlimmste vorzubereiten und die beste Lösung für Probleme zu finden, auch wenn es ein sehr schmerzhafter Prozess ist. Sich von dem blinden Glauben zu lösen, dass es notwendig ist, sich bis zum Äußersten zu sorgen, ist ein perfekter Ausgangspunkt, um den Kreislauf des Überdenkens zu durchbrechen. Stelle diese Denkweise in Frage und erkenne sie als das, was sie ist, nämlich ein Übermaß, damit du erkennen kannst, wann du dich in dieser Dynamik befindest, und dein Bewusstsein dafür schärfen kannst.

Versuche, deinen Sozial-Media-Feed aufzuräumen. Eliminiere die zynischsten Leute und konzentriere deine Aufmerksamkeit auf die Kontakte, die dir etwas Positives bringen. Ja, leider ist die Welt voller negativer Nachrichten, aber eine übermäßige Belastung durch diese Inhalte kann den Zustand des Überdenkers nur noch verschlimmern.

Wichtig ist auch, das Bewusstsein für die psychischen oder physischen Ursachen zu schärfen, die der Neigung zum Überdenken zugrunde liegen. Könnte es an einem traumatischen Ereignis in deiner Vergangenheit liegen, an dem du noch arbeiten musst? Oder könnte es sich um ein toxisches Arbeitsumfeld handeln? Oder hast du einen Partner, der seltsame Signale sendet und dich an deiner Sicht der Realität zweifeln lässt? Halte einen Moment inne und versuche, die Hauptursache für deine Angst zu finden. Wenn das Überdenken in der Vergangenheit kein Problem für dich war, kann es sein, dass es in der Gegenwart etwas gibt, das dich schadet.

Neben dem Erkennen der zugrundeliegenden Ursachen ist es auch wichtig, die Zusammenhänge zwischen Gefühlen und Gedanken zu verstehen. Menschen, die sich Sorgen machen, neigen häufiger zu negativen Gefühlen. Eine sehr gedrückte innere Stimmung fördert einen kritischeren Denkstil, was nicht ideal ist, wenn man versucht, weniger zu denken. Die Bekämpfung von depressiven Stimmungen ist ein großer Schritt in die richtige Richtung. Die Entdeckung der Zusammenhänge zwischen Gedanken und Gefühlen hilft dir zu verstehen, dass starke Emotionen die Art und Weise widerspiegeln, wie du denkst, und umgekehrt. Entspannung und Entlastung des emotionalen Zustands können helfen, den Kopf frei zu haben.

Fokus auf das Positives

Diese Strategie zielt darauf ab, das Gehirn zu trainieren, indem negative Gedanken in positive umgewandelt werden. Sie ist sehr nützlich und ermöglicht es, sich allmählich zu beruhigen und zu entspannen. Im Allgemeinen scheinen negative Emotionen lange anhalten zu können, im Gegensatz zu konstruktiven Emotionen. Die Technik besteht darin, dass man versucht, die Qualität des Denkens zu verändern, indem man sich positive Erinnerungen und Situationen ins Gedächtnis ruft.

Wenn zum Beispiel dein Kopf und dein Herz voller Dankbarkeit sind, gibt es keinen Platz für negative Gedanken. Wenn du anfängst, diese Strategie in die Praxis umzusetzen, mag es dir zunächst ungewöhnlich und ziemlich repetitiv erscheinen, Sätze zu äußern wie: „Ich bin dankbar für mein Bett", „Ich bin dankbar für diesen Kaffee". Es geht darum, dass man selbst dann, wenn Dankbarkeit nicht das vorherrschende Gefühl in diesem Moment ist, unzählige Dinge finden kann, für die man dankbar sein kann. Das fühlt sich gut an. Und ein gutes Gefühl tötet negative Gedanken schneller als alles andere.

Beginne auf deine positiven Gedanken zu achten, vielleicht schreibst du sie sogar in einen Kalender oder ein Tagebuch: Wenn dir ein konstruktiver Gedanke durch den Kopf geht, schreibe ihn auf. Du kannst auch daran denken, wenn du hilfreich warst, oder wenn du jemanden glücklich gemacht hast, und lasse alle unangenehmen Gedanken los. Es ist ein gradueller Prozess, für den man Praxis braucht.

Die meisten Menschen denken, dass sie alle negativen Gedanken ausschließen sollten, um positiv zu denken. Alles sollte ignoriert werden, egal was es ist. Das ist nicht wahr. Sich auf positives Denken zu konzentrieren, bedeutet einfach, weniger negativ zu grübeln. Aber positives Denken lehrt uns, dass emotionale Not immer nur vorübergehend ist und dass es viel mehr gibt, worüber wir nachdenken können, was uns in die positive Sphäre bringen kann.

Wenn du dich von Sorgen überwältigt fühlst, kann es helfen, dich auf positivere Gedanken zu besinnen, z. B. an gute Erinnerungen oder glückliche Ereignisse zu denken, da es sonst leicht ist, sich von der Negativität mitreißen zu lassen. Wenn du dich in einer nicht enden wollenden Spirale befindest, ist es ratsam, so schnell wie möglich zu versuchen, aus ihr herauszukommen, und diese Tricks können mehr helfen, als du dir vorstellen kannst.

Notiere alles, was dich stört

Die strukturierte Sprache ist eine natürliche Umgebung für dein rationales Gehirn. Dies ist dein Gebiet, nicht dein Unterbewusstsein. Denke nach, sprich mit dich selbst und schreibe eigentlich schwarz auf weiß, nicht in deinem Kopf.

Du bist besiegt, bevor du überhaupt angefangen hast, wenn du einen inneren Dialog auf der Ebene der Gedanken führst. Bei jedem Wortwechsel werden Millionen von Signalen in deinem Gehirn aktiviert. Wenn du auf all diese Millionen von Signalen reagierst, anstatt zu handeln, fällst du deinen schrecklichen Denkgewohnheiten zum Opfer. Es handelt sich um einen ungewollten Kreislauf, bei dem man keine abgeschlossenen Ausdrücke strukturiert, sondern eine Idee eine andere hervorbringt und dann eine weitere und so weiter, möglicherweise bis ins Unendliche.

Aber wenn man versucht, dieses Problem wie von Geisterhand zu Papier zu bringen, erscheint es absurd. Die unbewussten Argumente erscheinen schwach oder bedeutungslos. Zumindest ist es sinnvoll, die eigenen Gefühle rational zu analysieren. Mache diese Übung: Versuche jeden Tag bis zu 20 Minuten lang, alles, woran du denkst, aus deinem Kopf herauszuholen und zu Papier zu bringen. Auf diese Weise wird klar, dass es nur wenige spezifische Probleme gibt und nicht so viele, wie du vielleicht denkst. So kannst du sehen, welche Sorgen nur hypothetisch sind (z. B. was passiert, wenn ich bei der Arbeit einen Fehler mache, der zum Verlust meines Arbeitsplatzes führen könnte) und welche Sorgen real sind (z. B. ich habe einen Fehler gemacht und meinen Arbeitsplatz verloren). Dadurch kannst du die hypothetischen Sorgen von den realen trennen, und es wird dir dann möglich sein, einen Aktionsplan zu erstellen oder eine Lösung für die realen Probleme zu finden. Wenn ein beunruhigender Gedanke kurz vor dem Schlaf wieder auftritt, kannst du etwas sagen, wie: „Ich habe mich damit befasst" oder „Ich arbeite daran". Dies hilft normalerweise, die Spirale der Negativität im Keim zu ersticken und ein Gefühl der Erleichterung zu schaffen.

Du kannst versuchen, ein Tagebuch zu schreiben. Das ist besonders gut, wenn man niemanden hat, mit dem man reden kann, oder wenn man lieber schreibt, als mit jemandem über seine Gedanken zu sprechen. Das kann so einfach sein wie das Singen deines Lieblingsliedes oder das morgendliche Kaffeetrinken. Es kann sehr hilfreich sein, wenn du deine Sorgen, Zweifel und Gefühle aufschreibst. Es hat die Auswirkung, das Gewicht der Gedanken an negative Themen zu verringern und stärkt das Gedächtnis.

Dadurch wird wertvoller Raum für erfolgreichere geistige Aktivitäten freigesetzt. Wenn du also das Tagebuch geschlossen hast, lass all die negativen Gedanken, die dir im Moment nicht weiterhelfen, beiseite und mach mit deinem Tag weiter. Eine Möglichkeit oder ergänzende Strategie ist das Führen eines „Tagebuchs der Wertschätzung", in dem du nur die Dinge notierst, für die du dankbar bist. Es wurde festgestellt, dass Menschen, die sich dem Aufschreiben positiver Dinge widmen, mehr Entschlossenheit, Konzentration, Begeisterung und Energie haben. Es hat sich gezeigt, dass das Führen eines Tagebuchs im Allgemeinen hilfreich ist, aber das Schreiben eines Dankbarkeitstagebuchs ist noch effektiver.

Meditation

Obwohl Meditation allein die Tendenz zum Überdenken nicht lösen kann, wird sie dir bewusster machen, was in deinem Kopf vor sich geht.

Wenn du erkennst, welche Gedanken sich in deinem Kopf wiederholen, hast du die Macht, dein gewohntes Verhalten zu beeinflussen, indem du vom dringenden Impuls zum einfachen Anreiz übergehst. Du brauchst diesen Blickwinkel, um voranzukommen. Wenn du sie nicht identifiziert hast und deshalb automatisch auf sie reagierst, ist es sicher, dass sie denselben selbstzerstörerischen Impuls auslösen, den du bereits als Antwort deines bewussten Verstandes erlebt hast.

Die Meditation hat eine ähnliche Auswirkung auf das Bewusstsein wie das Tagebuchschreiben. Du kannst auch nur für kurze Zeit und fast überall meditieren, denn du brauchst keine Hilfsmittel dafür. Eine tägliche 2-minütige Meditation ist ein guter Anfang, um die Gewohnheit zu schaffen und zu festigen. Guru aller Heilungen, wann immer du denkst, dass dein Geist zu laut ist. Ruhig zu sitzen und in aller Ruhe nachzudenken, kann dir zweifellos einen Moment der Ruhe schenken. Wehre dich nicht gegen unerwünschte Gedanken, denn das kann sich als kontraproduktiv erweisen. Ein effektiver Ansatz, um sie zu überwinden, besteht im Lernen, diese inneren Schwierigkeiten zu beobachten und zu akzeptieren, wobei Achtsamkeitsstrategien eingesetzt werden, um das Bewusstsein zu schärfen.

Programmierungszeit

Leider sind wir alle von Zeit zu Zeit von Schlafmangel betroffen. Wenn dies jedoch regelmäßig vorkommt, da dein Geist überlastet ist, und du aus diesem Grund versuchst, den Kreislauf der Negativität zu blockieren, kann sich dies auch als kontraproduktiv für dich erweisen. Das Blockieren von Gedanken ist eine Art von Tabu in der Praxis der Meditation und Achtsamkeit. Die Ängste, die wir empfinden, rühren daher, dass wir uns gegen unangenehme Empfindungen wehren, uns an angenehme Gefühle klammern und Angst haben, das zu verlieren, was wir haben. Wir finden den Zugang zum Geheimnis des Glücks, wenn wir die Regel der Vergänglichkeit annehmen und verstehen, dass das Leben weitergeht, in guten wie in schlechten Zeiten.

Es ist nicht produktiv, sich über einen längeren Zeitraum mit einem Problem zu beschäftigen, wohingegen eine kurze, konzentrierte Reflexion hilfreich sein kann. Wenn du zum Beispiel darüber nachdenkst, wie du Dinge anders machen kannst, oder mögliche Fehler in deinem Plan erkennst, kannst du es in der Zukunft besser machen.

Du kannst dich 20 Minuten „Denk-Zeit“ für dein Tagesprogramm nehmen. In dieser Zeit solltest du dir erlauben, dich zu beschäftigen und darüber nachzudenken, was du willst. Nach den 20 Minuten kannst du dann zu etwas Produktiverem übergehen. Wenn du merkst, dass du außerhalb der vorgesehenen Zeit noch zu viel nachdenkst, erinnere dich daran, dass du später darüber nachdenken wirst.

Psychisch starke Menschen wenden diese Strategien in der kognitiven Verhaltenstherapie regelmäßig an. Diese Therapieform ermöglicht es dir, dich von ungesunden Gewohnheiten und Gefühlen zu befreien und kann zur Behandlung aller Formen von psychischen Erkrankungen eingesetzt werden, wie z. B. Essstörungen, generalisierte Angstzustände usw.

Man muss sich nur klarmachen, dass es nichts bringt, wenn man immer wieder das Gleiche denkt. Man muss eine Entscheidung treffen und danach reagieren.

Fordern deine Gedanken heraus!

Lesen kann dir helfen, dich zu entspannen und dich abzulenken. Wenn die Gedanken, die nachts auftauchen, Anlass zur Sorge geben, kannst du durch das Lesen eines Buches besser und schneller einschlafen als durch das Starren auf den hellen Bildschirm deines Smartphones oder Laptops. Außerdem solltest du dich fragen, ob es alte Hobbys gibt, die du wieder aufleben lassen möchtest, oder ob du neue ausprobieren möchtest. Wenn ja, dann ist jetzt der beste Zeitpunkt, dies zu tun.

Es gibt viele Dinge, die dazu beitragen, deine innere Stimmung zu verbessern. Versuche, spazieren zu gehen, Zeit in der Sonne zu verbringen, Sport zu treiben, Pläne mit Freunden zu machen, jemanden aus der Familie zu treffen oder mit einem Haustier zu kuscheln.

Finde eine Aktivität, sei es Basketball, Klavierspielen, Schreiben, Laufen oder Kajakfahren, die du so sehr in Anspruch nimmst, dass du alle andere Gendanken vergisst.

PlaneZeit für Aktivitäten ein, die einen positiven Fluss in deinem Leben erzeugen, und widme du dich ihnen jede Woche oder (wenn möglich) täglich.

Achtsamkeit praktizieren

Das Konzept der Achtsamkeit bezieht sich auf einen kognitiven Zustand des Bewusstseins für die Gegenwart und eine Denkweise, die es erlaubt, Informationen und Erfahrungen zu verarbeiten, ohne in Bewertungen zu verfallen. Die Praxis der Meditation ist der wichtigste Mechanismus für die Entwicklung von Achtsamkeit.

Die Praxis der Meditation und der Achtsamkeit hat eine positive und signifikante Auswirkung auf die Verringerung der Zyklen des Grübelns und der depressiven Symptome und erhöht die Aufmerksamkeit. Es ist unmöglich, die Vergangenheit zu ändern oder die Zukunft zu bestimmen, man muss in der Gegenwart leben. Was du aber machen kannst, ist hier und jetzt selbstbewusster zu werden. Wie jede andere Fähigkeit muss auch die Achtsamkeit mit der Zeit geübt werden, um übermäßiges Denken zu reduzieren.

Hör mit dem Perfektionismus auf!

Lerne, über Fehler und Probleme zu lachen, Irren ist menschlich und nimm Absurditäten mit Humor, wenn sie auftreten. Bedenke doch, dass das Leben der Menschen genauso kompliziert ist und dass es wahrscheinlich stichhaltige Erklärungen für das gibt, was sonst als Beleidigung oder Machtspiel empfunden werden könnte. Sei dir darüber im Klaren, dass in den meisten Fällen nicht du das Problem bist.

Auslösefaktoren vermeiden

Schränke den Kontakt mit Menschen oder Situationen, die dich in einen negativen Zustand versetzen und dich zum Grübeln bringen, so weit wie möglich ein (wenn es nicht möglich ist, sie ganz zu vermeiden).

Finde heraus, wer und was sie sind und wie du deine Exposition gegenüber diesen Auslösern verringern kannst. Identifiziere deine Angstauslöser in deinem Gehirn.

Auslöser können deine psychische Gesundheit verschlechtern, und wenn du dir die Zeit nimmst, herauszufinden, was deine Angst und dein Grübeln auslösen, kannst du sie leichter bewältigen.

Bitte nimm keine Drogen oder Alkohol. Wenn du mit einem Therapeuten oder Psychologen sprichst und Medikamente verschrieben bekommst, nimm sie.

Nimm dich Zeit zum Entspannen

Schaue dir an, wie es mit deinen Lieblingsserien weitergeht. Ich will damit nicht sagen, dass man die Zeit mit Faulenzen vergeuden soll, aber es ist wichtig, Pausen zu machen, um mit frischem Geist zurückzukommen.

Die Lektüre biografischer Geschichten von Menschen, die es geschafft haben, Ängste und Probleme im Leben zu überwinden, oder von Menschen, die gelernt haben, das Leben im Alter zu genießen, kann dich inspirieren und dich gleichzeitig davon ablenken, zu viel nachzudenken. Es ist eine gute Gelegenheit, sich auf praktischer Ebene über psychische Gesundheit zu informieren.

Viele Menschen empfinden es auch als sehr hilfreich, zum Beispiel entspannende Musik zu hören und je nach Jahreszeit ein heißes Bad oder eine kalte Dusche zu nehmen.

Mantra

Breche das Mantra in deinem Kopf. Besser gesagt, sprich nicht schlecht über dich selbst. Wenn jemand Dinge wie „nutzlos... dumm...Idiot" sagte, würdest du zutiefst beleidigt oder empört. Sei so irrational wie dein emotionales Gehirn. Versuche, nie mit ihm über solche Bedingungen zu verhandeln.

Jedes Mal, wenn du dich an dich selbst wendest, überlege dir ein neues persönliches Mantra: „Besonders... erstaunlich... Kurz vor der Ziellinie...". Kombiniere es mit einem Ohrwurm und singe es immer und immer wieder in deinem Kopf.

Entspannungsübungen praktizieren

Entspannungsübungen sind sehr nützlich, um Ängste abzubauen. Zu den Übungen, die du ausprobieren kannst, gehören progressive Muskelentspannung und Tiefenatmung. Yoga hat viele Vorteile: es kann die Ausschüttung des Stresshormons Cortisol reduzieren und Angstsymptome verringern. Es hat sich auch gezeigt, dass es die Sekretion von Melatonin, dem Hormon, das den Schlaf reguliert, erhöht. Tai-Chi bekämpft auch stressbedingte Ängste und fördert einen erholsameren Schlaf, genau wie Yoga. Hast du jemals ein paar tiefe Atemzüge gemacht und dich sofort ruhiger gefühlt? Dies liegt daran, dass Atemübungen für das Erreichen eines Zustandes der Tiefenentspannung von entscheidender Bedeutung sind, was von der Wissenschaft hinreichend nachgewiesen wurde. Die Zwerchfellatmung ist Teil des Meditationsprozesses und wirkt aktiv gegen Angstzustände, Depressionen und Schlaflosigkeit. Konzentrationsübungen ermöglichen es dir, deine Gedanken und deinen Geist zu kontrollieren und auf das zu fokussieren, worüber du nachdenken willst, und nicht auf die ruhelosen Rennen der automatischen Gedanken. Eine Stunde vor dem Schlafengehen ist es wichtig, auf den Laptop oder das Telefon zu verzichten, da die Bildschirme einiger Geräte blaues Licht aussenden, das den Schlaf stören kann, wie Untersuchungen zeigten.

Eine erhöhte Sonnenexposition am Vormittag kann dazu beitragen, den Biorhythmus, die innere Uhr des Gehirns, zu regulieren und das Einschlafen in der Nacht zu erleichtern. Die Sonneneinstrahlung ist zu einem wichtigen Bestandteil der Reisepläne vieler Profisportler geworden und gilt auch als Mittel zur Vermeidung von Jetlag. Nicht-Sportler können dasselbe tun. Wenn du unter Schlaflosigkeit leidest oder nachts nicht richtig schlafen kannst, versuche, dich morgens so oft wie möglich der Sonne auszusetzen, damit sich deine innere Uhr auf natürliche Weise anpassen kann.

Sport treiben

Regelmäßige Bewegung ist einer der wichtigsten Faktoren zum Abbau von Ängsten. Da körperliche Aktivität die Gehirntätigkeit anregen kann, solltest du dich nicht abends oder nachts bewegen. Spazierengehen, Radfahren, Schwimmen und jede andere körperliche Betätigung können den Geist vorübergehend vom Grübeln ablenken. Alles, was den Geist mit einer Tätigkeit beschäftigt, bei der man nicht in Gedanken versinkt, ist willkommen.

Wenn du Sport treibst oder tanzt, wird dein Körper die Angst ausschwitzen und du fühlst dich entspannt.

Mental starke Menschen treiben viel Sport. Du kannst dich an starken Menschen inspirieren, die du respektierst, und dir vorstellen, wie sie ihren Körper verbessern, um dich zum Training zu motivieren. Körperliche Aktivität hat zahlreiche positive Auswirkungen auf die Gesundheit. Das Gehirn wird angeregt, nützliche Chemikalien freizusetzen, zum Beispiel solche, die das Schmerzempfinden verringern und das Stresshormon bekämpfen.

Fokus auf aktive Lösungen

Es ist nicht hilfreich, sich mit der Analyse der eigenen Probleme aufzuhalten, sondern Lösungen zu finden. Was kann man aus einem Fehler lernen und wie kann man ihn in Zukunft vermeiden? Frage dich, was passiert ist, und nicht, warum es passiert sein könnte. Was kannst du machen?

Setzte ein Zeitlimit für deinen Entscheidungsprozess. Dieses Zeitlimit muss nicht so kurz sein, dass du dich ängstlich oder gehetzt fühlst, aber es sollte kurz genug sein, damit du nicht zu lange brauchst. Gib du dir die Möglichkeit, deine Entscheidung in bestimmten Situationen zu ändern. Wenn du dir selbst diese Chance gibst, wird der Entscheidungsprozess leichter sein.

Starke Menschen neigen dazu, sich geistig zu trainieren, indem sie verschiedene Elemente kombinieren. Immer wieder das Gleiche zu tun, kann negative Auswirkungen haben. Sieh dein Leben aus einer anderen Perspektive und überlege, was du anders machen kannst. Probiere ein neues Hobby aus, setze dir ein Ziel oder lerne etwas Neues. Wenn man anfängt, für etwas Neues zu leben, lässt man die Dinge, die einen früher zum Grübeln gebracht haben, hinter sich.

Reagiere!

Die Bewusstmachung des eigenen inneren Dialogs ist nur die halbe Miete. Das muss man oft üben, um aus übermäßigen Denkmustern herauszukommen.

Sie arbeiten im Kreislauf: Glaube -> Gedanke -> Handlung -> Ergebnis. Der einfachste Weg, dieses System zu beeinflussen, besteht darin, aktiv zu werden. Die Menschen haben normalerweise wenig oder keine Kontrolle über ihre Gedanken und noch weniger über ihre Überzeugungen. Es ist jedoch relativ einfach, Maßnahmen zu ergreifen, vor allem, wenn man mit etwas Kleinem beginnt.

Wenn du trainieren willst, beginne mit einem Liegestütz. Wenn du mehr erfahren willst, fang mit dem Lesen eines Satzes an. Wenn du ein Schriftsteller werden willst, schreibe den ersten Absatz. Wenn du Geld sparen willst, spar deinen ersten Euro. Und wiederhole im Laufe der Zeit diese kleinen Aktionen regelmäßig.

Jedes Mal, wenn du eine solche Aktion durchführst, wird das Feedback, das du bekommst, deine Überzeugungen ein wenig verändern und deine Gedanken beeinflussen. Vor allem sollte man jede Sekunde, die man damit verbringt, nicht mit zu viel Nachdenken verbringen. Man kann nicht gleichzeitig denken und handeln. Mit jeder kleinen Handlung raubt ihr der Gewohnheit, zu viel nachzudenken, den Lebensraum. Mach dir keine Gedanken darüber, wie klein diese Aktionen sind. Sie werden mit der Zeit wachsen. Dies ist das Gesetz des Lebens.

Nimm also einige dieser Tipps und übe, übe und nochmals übe. Die Forschung zeigt, dass es viel Übung braucht, um eine neue Gewohnheit zu „verinnerlichen". So sei freundlich zu dir selbst, nutze deine neuen Strategien und lenke deine Gedanken um, wenn du dich im Überdenken-Modus befindest. Mit der Zeit und etwas Übung wird es leichter, sich ruhig und produktiv zu fühlen.

Lege kleine Ziele fest. Bei zu großen Zielen kann es passieren, dass der ängstliche Geist plötzlich Grübeleien auslöst. Wenn Ängste und Überlegungen es dir erschweren, dir größere Ziele zu setzen, kannst du dich effektiv hocharbeiten, indem du dir kleinere Ziele setzt.

Notiere und ordne deine Probleme vom kritischsten zum kleinsten... Ein Teil der Lösung der kritischsten Probleme kann darin bestehen, das einfachste Problem zu lösen, um die Gesamtsituation zu vereinfachen und dann nach oben zu gehen. Bald wird es dir leicht fallen, auch das schwierigste Problem zu lösen.

Denk über typische Ängste und Sorgen des Alltags nach... Warum hast du Angst? Wie wirkt sich der Stress auf dich aus? Hast du Angst vor Schuld und Versagen?

USED 0.483902
USED 0.869043
USED 0.200938
USED 0.489382

POSITIVE PSYCHOLOGIE

KAPITEL 5

DIE BESTE STRATEGIE, ZUN BESEITIGUNG DER NEGATIVITÄT

Es kann schwierig sein, negative Gedanken und Eindrücke auszulöschen, vor allem, wenn man von negativen Menschen umgeben ist oder über einen langen Zeitraum hinweg schädliche Gewohnheiten entwickelt hat. Wenn man sich der Situation bewusst ist und entschlossen ist, sich auf ein positives Leben zu konzentrieren, werden sich die Ereignisse schließlich wenden. Alles wird sich ändern und die Türen zum Glück werden sich öffnen, wenn man alles hinter sich lässt, was einen mit seiner Negativität beeinflusst, so dass das Leben voller Sinn und Zufriedenheit ist.

Wenn ich die wichtigsten Faktoren in deinem Leben benennen sollte, die bestimmt haben, was für ein Mensch du bist, bin ich mir sicher, dass die meisten dieser Faktoren auf die Menschen und Gefühle zurückzuführen sind, die du in dein Leben aufgenommen hast. Man sollte die Macht von Einflüssen nicht unterschätzen. Der Einfluss, den die Menschen um uns herum auf uns haben, ist sehr stark! Oft merken wir gar nicht, dass wir stark beeinflusst werden, weil sich diese Kräfte in der Regel über lange Zeiträume hinweg entwickeln.

Gruppenzwang ist eine besonders starke Kraft, weil er subtil ist. Wenn man sich mit Menschen umgibt, die alles ausgeben, was sie haben, ist es wahrscheinlich, dass auch man am Ende alles ausgibt, was man hat. Wenn du dich mit Leuten umgibst, die nicht lesen, ist es gut möglich, dass du nicht der Lese Typ bist. Die Menschen können uns weit von uns selbst entfernen, bevor wir uns wirklich kennen lernen. Also fragen wir uns am Ende: „Wie bin ich an diesen Punkt gekommen?“. Diese indirekten Faktoren müssen sorgfältig beobachtet werden, wenn wir wollen, dass unser Leben so funktioniert, wie wir es wollen. Wenn du von negativen Einflüssen umgeben bist, die dich davon abhalten können, das zu tun, was du tun willst, können sie auch deine Motivation zur Veränderung dämpfen.

Jeder möchte ein positiveres Leben führen, aber es gibt immer wieder negative Einflüsse, die versuchen, einen daran zu hindern. Das kann von außen oder von innen kommen. Wo auch immer sie herkommen, es gibt Hunderte von Dingen, die deine Motivation und dein Selbstvertrauen auf die Probe stellen. Es könnte ein Freund oder ein Familienmitglied sein, das dich kritisiert, oder es könnte eine schlechte Angewohnheit sein, die du nicht ablegen kannst.

Negative Denkmuster sind etwas, das dich zurückhalten kann, wenn du nicht anders kannst, als immer das Schlimmste zu denken. Aber du willst nicht, dass dein Leben von diesen schlechten Einflüssen kontrolliert wird. Du musst sie ausschalten, wenn du verhindern willst, dass sie dich kontrollieren. Aber das ist keine leichte Aufgabe, also lassen wir uns nicht unterkriegen, wenn wir nicht an einem Tag unser ganzes Leben ändern können. Die folgenden Fragen helfen dir, dich von negativen Einflüssen zu befreien und ein positiveres Leben zu führen.

1. Von wem bin ich umgeben?

Nimm die Menschen um dich herum in deinen verschiedenen Lebenssituationen bewusst wahr. Du musst alle Personen bewerten, die dich in irgendeiner Weise beeinflussen können.

2. Welche sind die Effekte dieser Interaktionen?

Das ist eine wichtige Frage. Was haben sie mir angetan? Was musste ich mir anhören? Was haben sie mich lesen lassen? Wo haben sie mich hingebracht? Was halten sie von mir? Wie drängen sie mich zum Sprechen? Wie fühle ich mich bei ihnen? Was haben sie zu sagen? Du musst ernsthaft darüber nachdenken, wie andere dich beeinflussen, sowohl in negativer als auch in positiver Hinsicht.

3. Ist das gut?

Wahrscheinlich haben alle Menschen, mit denen du in Beziehung stehst, einen positiven, energetisierenden Einfluss. Vielleicht sind sie aber auch nur ein Haufen fauler Äpfel. Du musst dich selbst objektiv betrachten. Es lohnt sich, einen zweiten Blick darauf zu werfen, vor allem, wenn es um die Kraft des Einflusses geht. Alle bringen dich irgendwohin, aber nur einige von ihnen führen dich in die Richtung, die du erreichen willst. Es ist leicht, zu ignorieren, was sich auf unser Leben auswirkt. Jemand könnte sagen: „Ich habe einen lauten Mitbewohner, aber ich glaube nicht, dass mich das stört. Ich stehe diesen Jungs nahe, aber ich glaube nicht, dass sie mir wehtun." Gib es zu, es ist alles wichtig. Einige Dinge sind definitiv schwerer als andere, aber alles ist wichtig. Man muss beobachten, ob sich die Waage in den Beziehungen zum Positiven oder zum Negativen neigt. Die Realität zu ignorieren ist nie die beste Option. Es ist einfach, sich von Einflüssen beeinflussen zu lassen, sich von Assoziationen leiten zu lassen, sich von Zwängen erdrücken zu lassen und sich vom Fluss treiben zu lassen. Du musst dich fragen, ob dich das deinem

Ziel näher bringt.

4. Identifiziere toxischen Menschen

Sei aufmerksam gegenüber Menschen, die sich negativ auf deine anderen Beziehungen auswirken, die in deinen Raum eindringen oder viel von deiner Zeit in Anspruch nehmen. Wenn du dich mit jemandem nicht wohl fühlst oder das Gefühl hast, mit jemandem weniger produktiv zu sein, nimm es als Warnzeichen. Diese Personen sind Opfer (oder jemand oder etwas, das man zum Opfer macht), die dazu neigen, das Energieniveau der Menschen um sie herum zu senken und immer ihre eigenen Probleme in den Mittelpunkt zu stellen. Im Folgenden werden einige der verschiedenen Möglichkeiten aufgezeigt, wie sich diese Art von Personen negativ auf dich und dein Leben auswirken kann:

- Sie versuchen, dich zu kontrollieren.
- Sie vernachlässigen deine Grenzen.
- Sie übernehmen keine Verantwortung.
- Sie geben nichts.
- Sie glauben, sie haben immer Recht.
- Sie lieben es, Opfer zu werden.

Nimm dir einen Moment Zeit, um alle negativen Einflüsse zu identifizieren, die mit deinem Arbeitsplatz verbunden sind. Prüfe, ob jemand regelmäßig deine Zeit in Anspruch nimmt oder dich von deiner Arbeit ablenkt, um ihm offen oder indirekt zu helfen. Diese Menschen handeln selbstsüchtig und verschwenden ihre und deine Zeit.

Eine negative Person kann dir auch Neid oder Eifersucht entgegenbringen und dich mit dem, was du bekommst, unzufrieden machen. Sie könnten sagen, dass das, was du tust, nicht genug ist oder dass etwas, was du getan hast, nicht anerkannt werden sollte. Die negative Person kann zum Beispiel sagen: „jetzt wirst du glücklich sein" oder „du hast eine solche Gehaltserhöhung für diese Beförderung nicht verdient".

Denk an die möglichen negativen Menschen, mit denen du in der Schule zu tun hast. Das können Menschen aus deinem Freundeskreis, Klassenkameraden oder sogar ein Lehrer sein. Die negative Person kann dich in der Schule schlecht machen, dir die Schuld geben oder dich herabsetzen, wenn du deine Gedanken in der Schule mitteilst, und sagen, dass sie dumm oder falsch sind. Sie können auch versuchen, dir das Gefühl zu geben, wertlos zu sein und dich vor deiner Gruppe von Freunden zu blamieren.

Ein negativer Mensch denkt, dass immer das Schlimmste passieren wird und dass die Dinge entweder gut oder schlecht sind, ohne die Nuancen zu sehen. Es könnte ein Freund sein, der dich daran erinnert, dass „wir alle verloren und allein sind“, oder ein Gleichaltriger, der dir sagt, dass „du nicht klug genug bist“.

Identifiziere auch negative Menschen in deinem Familienleben. Eine negative Person, z. B. ein Elternteil oder ein Geschwisterteil, könnte versuchen, dich zu ändern oder dich zu überreden, dich nach ihrem Urteil zu verbessern.

Aufgrund ihres Einflusses stellen sie dich vielleicht in Frage, wer du bist und wofür du stehst, und haben das Gefühl, dass deine Meinungen und Ideen nicht gut sind oder nicht in Betracht gezogen werden sollten, was dein Selbstvertrauen und dein Selbstwertgefühl stark beeinträchtigt.

Vielleicht vergisst du deine eigene Meinung, wenn du sprichst, und beschließt, den Mund zu halten oder ignorierst völlig, was du zu sagen hast.

Nimm die Negativität anderer Leute nicht persönlich. Nicht nur du, sondern die meisten Menschen, mit denen diese Menschen zu tun haben, sind das Objekt ihrer Negativität. Vergiss nicht, dass alles, was sie sagen und tun, eine Projektion ihrer eigenen Realität ist. Selbst wenn eine Situation persönlich zu sein scheint, selbst wenn jemand dich direkt beleidigt, hat es oft nichts mit dir zu tun.

Es sei daran erinnert, dass ihre Meinungen ausschließlich auf ihrer eigenen negativen Vorstellung von der Realität beruhen und nicht auf dem, was andere tatsächlich sagen und tun.

5. Identifiziere deine ungesunden Gewohnheiten

Die meisten von uns haben irgendeine emotional ungesunde Angewohnheit. Viel trinken, rauchen, zu viele Partys feiern oder Junkfood essen oder Selbstkritik. Jeder hat seine eigenen ungesunden Gewohnheiten. Nimm dir Zeit, um alle schlechten Gewohnheiten in deinem Leben aufzuschreiben. Denke vor allem an die Gewohnheiten, die dich unglücklich machen oder dir zu viel Energie rauben.

Auch wenn es offensichtlichere ungesunde Gewohnheiten gibt, wie z. B. das Trinken, gibt es eine Reihe anderer ungesunder Gewohnheiten, wie z. B. beim Essen oder in Beziehungen, die zwar versteckter sind, aber genauso schädlich und deine Lebensenergie verringern können.

6. Persönlichkeitsentwicklung

Du muss dich auf Dinge fokussieren, die dir helfen können, um Fortschritte zu machen und negative Einflüsse zu überwinden. Nimm dir die Zeit, von Tag zu Tag zu verbessern. Versuche, Bücher zu lesen, Sendungen anzusehen, Meditation zu lernen. Die persönliche Entwicklung wird dir helfen, dein Leben zu bereichern und ein besserer Mensch zu werden. Es wird dir auch helfen, mit der Negativität umzugehen, die das Leben dir entgegenwirft, damit du nicht davon beeinflusst wirst.

7. Umgib dich mit positiven Menschen

Du bist der Durchschnitt der fünf Personen, mit denen du die meiste Zeit verbringst. Die beste Medizin zur Beseitigung negativer Einflüsse in deinem Leben ist, dich mit Gleichgesinnten zu treffen.

Wenn du von Negativität umgeben bist, ist es schwer, die positive Seite der Dinge zu sehen. Sehe dich nach positiven Menschen um, um das Gleichgewicht zu halten.

Identifiziere die positiven Menschen in deinem Leben. Nimm dir Zeit, um sie regelmäßig zu sehen. Du kannst mit ihnen bei einem schnellen Mittagessen mit einem fröhlichen Begleiter oder bei einem Treffen, bei dem sicher viel gelacht wird, Schritt halten.

Entscheide dich dafür, dass negative Menschen nicht zu viel darüber wissen, was du denkst, wie du fühlst und wie du dich verhältst. Nimm deine Macht zurück und konzentriere deine Zeit und Energie auf das, was du am besten kannst.

Die Menschen, mit denen wir unsere Zeit verbringen, können einen großen Einfluss auf uns haben. Man kann beginnen, ihre Stimme zu verinnerlichen und die schrecklichen Dinge, die sie sagen, zu glauben. Bestimmt fällt dir eine

Person in deinem Leben ein, und sei es nur eine, die dich immer mit dem Gefühl zurücklässt, du würdest sie am liebsten nie wiedersehen. Manchmal wäre das das Beste. Aber das kann man nicht immer tun. Manche Menschen sind unvermeidlich, zum Beispiel wenn es sich um Menschen in der Familie oder am Arbeitsplatz handelt. In diesem Fall muss man lernen, mit ihnen umzugehen und ein Gleichgewicht zu schaffen mit Menschen, die einen positiveren Einfluss haben, oder ausschließlich negative Beziehungen zu beenden.

Achte darauf, ob dies wirklich die richtige Lösung ist, wenn du merkst, dass du ohne jemanden besser dran bist. Es ist schwierig, von drastischen Maßnahmen zurück zu kommen. Es ist leichter, jemanden zu meiden, wenn es sich um deinen Freundeskreis handelt. Du musst nicht in Erscheinung treten oder mit Menschen außerhalb deiner Familie oder deiner Arbeit in Kontakt treten. Die Aufrechterhaltung einer Freundschaft hängt ganz von dir ab. Natürlich kannst du auch selbst entscheiden, ob du ein Familienmitglied in deinem Leben behalten möchtest: achte nur darauf, dass du die richtigen Schritte machst, um jemanden auszuschließen, der gewaltsam oder gefährlich ist. Einige negative Menschen sind unvermeidbar. Vielleicht hast du Kollegen, die du nicht ausstehen kannst, deine beste Freundin hat einen nervigen Partner oder ein überkritisches Familienmitglied, das du während der Feiertage nicht vermeiden kannst. Wenn du dich also nicht entscheiden kannst, sie aus deinem Leben zu verbannen, musst du lernen, mit ihnen umzugehen. Wenn nicht, könnte sich ihr negativer Einfluss auf die Qualität deines Lebens äußern. Es gibt viele verschiedene Möglichkeiten, mit Menschen zurechtzukommen, die nur Schlechtes zu sagen scheinen. Eine davon ist, einfach zu lächeln und sich von dem, was sie sagen, zu distanzieren. Aber an manchen Orten, z. B. am Arbeitsplatz, ist es nicht immer möglich, diese Methode anzuwenden. Wenn du dich darin verstrickst, versuche, es mit positiven Aussagen auszugleichen. Denk daran, dich auf deine eigene Energie zu konzentrieren und daran, dass Negativität dein Problem ist.

Wenn du gezwungen bist, negative Menschen in deinem Leben zu haben, sorge dafür, dass du mehr positive Einflüsse hast, um das Gleichgewicht zu halten. Umgebe dich, wann immer du kannst, mit positiven Leuten.

Die Menschen, mit denen man seine Zeit verbringt, haben einen großen Einfluss darauf, wer man ist. Du wirst zynisch und negativ, wenn du ständig mit zynischen und negativen Persönlichkeiten zusammen bist. Du solltest anfangen, Zeit mit netten, motivierten und gleichgesinnten Menschen zu verbringen. Beziehungen sollten dir helfen, sie sollten dich nicht verletzen. Umgib dich mit Menschen, die du respektierst. Wähle die Gesellschaft von Freunden, die deinen Tag allein durch ihre Anwesenheit verschönern, von Menschen, die du bewunderst, und von Menschen, die du liebst und schätzt.

Verbringe mehr Zeit mit erfolgreichen Menschen. Lädst du sie zum Essen ein und fragst sie, welche Gewohnheiten sie haben, wie sie zu dem gekommen sind, was sie haben, oder was sie gerade tun. Ich spreche nicht nur von finanziellem Erfolg: es könnte jemand sein, von dem du lernen möchtest, um deine Ehe zu verbessern, ein besseres Vorbild für deine Kinder zu sein, deine Gesundheit oder dein spirituelles Leben zu stärken.

Dies wird als absichtliche Assoziation bezeichnet und wird erreicht, indem man auf die Qualität des eigenen Einflussbereichs einwirkt.

Du solltest dir immer bewusst sein, dass du, wenn du erfolgreich bist, mehr und mehr Erfolg um dich herum schaffen und anziehen wirst. Wenn du erfolgreich wirst, wirst du sehen, dass auch die Menschen um dich herum erfolgreicher werden. Dies wird dann dazu führen, dass die Macht deiner absichtlichen Assoziationen weiter zunimmt. Das ist eine der spannenden nebeneffekte des Erfolgs!

Aufbau von Beziehungen zu Menschen, die in ihrer persönlichen und beruflichen Entwicklung weiter fortgeschritten sind als du. Es gibt so viele erfolgreiche Menschen auf der Welt, die dir so viel helfen können! Sie werden zweifellos mit ihren eigenen Geschäften beschäftigt sein, so dass es schwierig sein kann, einen Kontakt herzustellen, aber wenn du auf sie zugehst, wird ein Treffen in der Zukunft mehr als wahrscheinlich sein. Einige werden sich wahrscheinlich nicht zur Verfügung stellen, aber das ist in Ordnung; geh deinen Weg. Wenn du die Gelegenheit hast, triff dich mit ihnen und biete ihnen einen Kaffee oder ein Mittagessen an. Nimm dir ein Beispiel an ihnen und lass dich von ihnen inspirieren. Lerne von ihnen. Beobachte sie. Lasse dich von ihnen durch ihre Erfahrungen leiten.

Du solltest Menschen um dich haben, die dir die Wahrheit sagen. Wir brauchen diese Menschen. Auch wenn es weh tun mag, die Wahrheit wird uns stärken und uns zum Nachdenken anregen. Wir wollen nicht nur diejenigen, die uns nette Dinge sagen oder nur das, was wir hören wollen. Um in unserem persönlichen und beruflichen Leben voranzukommen, müssen wir das

Gesamtbild betrachten und brauchen ein gutes Gleichgewicht mit den Menschen in unserem Umfeld.

Bestimme sorgfältig, was du zulässt, um dich zu beeinflussen. Ich betone diesen Begriff besonders, weil sich viele Menschen keine Gedanken darüber machen, was sie beeinflusst oder mit ihnen in Verbindung gebracht wird. Dabei ist dies eine der wichtigsten Möglichkeiten, unser Leben zu gestalten. Wir müssen vorsichtig sein, wem oder was wir erlauben, unser Leben zu gestalten.

8. Sei verantwortlich und überwinde negative Einflüsse

Negative Menschen können uns Probleme verursachen. Vielleicht setzt dich dieser Verkäufer sehr unter Druck, oder du versuchst, diesen Kollegen zu vermeiden. Es ist wichtig zu wissen, wann diese negativen Menschen die Gelegenheit haben, unangenehm in dein Leben zu treten.

Sie können dich unbewusst im Bereich der Gedanken, des Verhaltens und der Gefühle beeinflussen. Es ist wichtig, dass du deine persönliche Macht zurückgewinnst.

Zunächst musst du dich von diesen Menschen und ihrem negativen Einfluss befreien. Du musst dich würdig fühlen, deine Ziele zu erreichen und der Mensch zu werden, der du sein willst: es ist Zeit für dich, deine Ziele und deine Träume. Wenn du dir immer noch nicht sicher bist, bedenke die negativen Auswirkungen auf deine Ziele und dein allgemeines Glück. Die Übernahme von Verantwortung für die Überwindung negativer Einflüsse in deinem Leben ist ein wesentlicher Schritt.

9. Bau ungesunde Gewohnheiten ab

Wenn du es gewohnt bist, zu trinken, zu rauchen und zu feiern, bist du wahrscheinlich mehr als einmal morgens mit pochenden Kopfschmerzen und negativen Gefühlen aufgewacht. Wenn du ungesunde Gewohnheiten ablegst, hast du mehr Zeit und kannst Aktivitäten ausüben, die deiner Karriere, deinen Leidenschaften und deiner persönlichen Entwicklung zugute kommen.

Anstatt diese Gewohnheiten plötzlich aufzugeben, kannst du versuchen, die Zeit, die du mit ihnen verbringst, zu reduzieren. Du kannst dich dafür entscheiden, mit Freunden oder deinem Partner auszugehen und ruhigere Abende zu verbringen, oder nur ein- oder zweimal pro Woche auf Partys zu gehen,

anstatt jeden Abend.

Mit Freunden gesellig zu sein, bedeutet nicht unbedingt, dass man in eine Bar geht. Man kann auch versuchen, Zeit zu Hause zu verbringen, Freunde anzurufen oder gemeinsam zu kochen, um sich zu entspannen.

Wenn du deinen Lebensstil unter die Lupe nimmst, kannst du herausfinden, ob es etwas gibt, von dem du abhängig bist und das deine Lebensweise bestimmt. Du kannst ein glücklicherer und zuverlässigerer Mensch werden, wenn du dir deine Abhängigkeiten eingestehst und versuchst, sie zu bewältigen. Dabei spielt es keine Rolle, ob du eine Therapie gegen deine Alkoholsucht machen oder dein Verhältnis zum Essen ändern musst. Es sollte keine Chefs in deinem Leben geben, also musst du es tun, auch wenn du dich enttäuscht fühlst. Ändere diese negativen Einflüsse, indem du sie in neue gute Gewohnheiten umwandelst.

10. Ändere dein Lebensstil

Es gibt noch andere Teile deines Lebensstils, die du ändern kannst, wenn du anfangen willst, positiver zu denken. Es kann viel einfacher sein, sie zu ändern, als sich selbst zu ändern, wenn die Umstände Sie negativ denken lassen. Suche nach einer neuen Arbeitsstelle, wenn deine derzeitige Arbeit dich unglücklich macht. Sprich über die Dinge, die du in deinem Leben kontrollieren kannst und wie sie sich von nun an ändern könnten.

Meide negative innere Dialoge: manchmal können sie genauso schädlich sein wie negative Gewohnheiten. Wenn du trotz unzähliger positiver Dinge einen negativen inneren Dialog führst, wirst du dich am Ende nur auf die negativen Aspekte einer Situation oder eines Ereignisses konzentrieren. Vielleicht hattest du zum Beispiel einen produktiven Tag bei der Arbeit, aber du konzentrierst dich nur auf die Aufgaben, die du morgen erledigen musst, anstatt nach Hause zu gehen und dich für die geleistete Arbeit zu belohnen.

Vielleicht gibst du dir bewusst oder unbewusst die Schuld, wenn etwas Schlimmes passiert. Wenn zum Beispiel ein Freund einen Abend mit dir und deiner Gruppe absagt, bist du vielleicht davon überzeugt, dass er seine Pläne geändert hat, weil niemand mehr mit dir ausgehen wollte. „Es war alles meine Schuld, niemand mag mich", denkst du.

Wenn du negativ über dich selbst sprichst, redest du dir vielleicht die schlimmsten Dinge ein und siehst von allen Seiten drohendes Unheil. Vielleicht hast du auch ein Weltbild, in dem gute und schlechte Situationen unterschiedslos auftreten, aber du lässt keinen Raum für Grauzonen oder Möglichkeiten für positive Situationen. „Das ist alles scheiße" oder „mir passiert nichts Gutes", könntest du denken.

11. Sei du selbst die Veränderung, die du dir für diese Welt wünschst

Gehe mit gutem Beispiel voran. Du kannst vielleicht nicht die Welt retten, aber indem du tust, woran du glaubst, und dir deiner selbst bewusst wirst, kannst du dazu beitragen, die Welt zu verbessern. Einfache Dinge wie kleine tägliche Ereignisse, Freundschaften, Hobbys, positive Nachrichten sind nützlich, um ein gutes Gespräch in Gang zu halten. Sprich weiterhin über optimistische Dinge, mit denen andere Menschen etwas anfangen können. Selbst wenn es nur ein bisschen ist, kannst du ihre negative Stimmung entschärfen.

Mache dir dein eigenes Verhalten bewusst. Sprich ein Mantra, z. B. „Trotz der Menschen um mich herum werde ich heute positiv bleiben", und wiederhole es oft, damit du bei der Stange bleibst. Achte darauf, tief durchzuatmen, und beschließe, dass du trotz allem, was andere sagen oder tun, einen großartigen Tag haben wirst.

Ändere, wie du denkst. Ändere deine Gedanken. Die Art und Weise, wie du auf das reagierst, was andere sagen und tun, ist eines der wenigen Dinge, die dir niemand wegnehmen kann. Das Problem sind nicht die negativen

Ereignisse. Das Problem ist, wie du auf sie reagierst. Die größte Freiheit, die du unter allen Umständen hast, ist die Wahl deines Standpunktes. Die Situation wird sich nicht ändern, wenn man sich beschwert, anklagt oder kritisiert. Es ist nicht immer leicht, das Glück in uns selbst zu finden, aber es kann nicht woanders gefunden werden. Unabhängig von der Situation, in der du dich befindest, ist deine Einstellung deine Entscheidung. Denke daran: wer eine negative Einstellung hat, kann kein positives Leben führen. Wenn Negativität dein Denken beherrscht, werden dein Verhalten und deine Möglichkeiten begrenzt sein. Du würdest nie wieder zulassen, dass dir etwas Negatives durch den Kopf geht, wenn du erkennen würdest, wie mächtig deine Gedanken sind.

12. Konzentriere du deine Gedanken neu

Negative Menschen beeinflussen oft, worüber wir nachdenken. Vielleicht lenkt dich die Besserwisserei deines Kollegen so sehr ab, dass du keinen produktiven Beitrag zu der Besprechung leisten kannst – oder du verbringst die meiste Zeit damit, darüber nachzudenken, wie du deine Leistung verbessern kannst und wie ärgerlich es wäre, wenn dieser Kollege befördert werden würde. Bemerke, wie sich deine Gedanken verändern, wenn du negativen Menschen begegnest. Sei dir bewusst, wie negative Menschen deine geistige Energie verringern.

13. Entscheide, produktiv zu sein

Wenn wir nicht vorsichtig sind, können negative Menschen das Beste aus uns herausholen. Manchmal, aus dem einen oder anderen Grund, scheinen einige Pessimisten in der Lage zu sein, unseren Blutdruck zu erhöhen. Eine Person, die normalerweise eher ruhig und sanftmütig ist, kann weinen, wenn zu viel Negativität ihr das Genick bricht – oder wenn ein Optimist stundenlang von negativen Kollegen umgeben ist, kann er sehen, wie die Zukunft des Unternehmens beschädigt wird.

Auch wenn du versucht bist zu sagen: „Es macht mich verrückt", ist es einfacher, andere für dein Verhalten verantwortlich zu machen. Übernimm die Verantwortung, wenn dein Verhalten nicht mit deinem üblichen Verhalten übereinstimmt. Verpflichte dich trotz deiner Situation, deine Gefühle zu kontrollieren und an deinen Werten treu zu bleiben.

14. Halte eine gesunde und balancierte Diät ein

Halte eine gesunde Ernährung, die hausgemachte Speise umfasst, die auf mindestens drei Mahlzeiten pro Tag aufgeteilt werden. Jeden Tag, dreimal pro Tag etwa zu gleichen Uhr, solltest du versuchen, ein gesundes Verhältnis von Protein, Getreide, Gemüse, Obst und Milch zu dich nehmen.

Du solltest auch viel Wasser trinken, vor allem, wenn du sehr aktiv bist. Versuche, kohlensäurehaltige Getränke zu vermeiden.

15. Versuche, genug zu schlafen

Ein guter Schlaf sorgt dafür, dass du am nächsten Tag nicht erschöpft und mürrisch bist. Bereite dich auf das Bett vor, indem du einen strengen Zeitplan zur Förderung des Schlafs befolgst, und bereite dein Schlafzimmer auf diesen Zweck vor.

16. Versuche, fit zu bleiben

Es wird empfohlen, dreimal pro Woche zu trainieren, um eine ausreichende Menge an Endorphinen im Körper auszuschütten und Stress abzubauen. Versuche, zwischen zwei oder drei Trainingseinheiten pro Woche zu wählen oder trainierst du dich jeden Tag nach einem bestimmten Zeitplan. Training hilft dir, dich selbst und andere um dich herum positiv zu fühlen.

17. Fokussiere dich auf positive Beziehungen

Bleibe mit Menschen in Kontakt, die lächeln oder laut lachen, statt mit einsamen und deprimierten Menschen. Du solltest versuchen, soziale Situationen zu schaffen, in denen sich jeder um dich herum willkommen und unterstützt fühlt. Die Stärkung neuer oder bestehender Beziehungen zu positiven Menschen hilft dir, negative Probleme abzuwehren.

18. Rette deine Zeit

Wenn du nicht aufpasst, werden negative Menschen deine Zeit für sich beanspruchen, auch wenn sie nicht in deiner Nähe sind. Wenn man sich nur eine Stunde lang mit einer negativen Person trifft, kann man leicht zwei weitere Stunden damit verbringen, sich Luft zu machen und ihren schlechten Einfluss loszuwerden. Zusammengenommen sind das bereits drei wertvolle Stunden deiner Zeit, die du dieser Person geschenkt hast. Gib negativen Menschen keine Zeit und Energie, um dich zu bestehlen. Anstatt dich über Menschen zu beschweren, die du nicht magst, sprich lieber über fröhlichere Dinge. Ebenso kannst du das Radio einschalten und Musik hören, um Stress abzubauen, anstatt auf dem täglichen Weg zur Arbeit darüber nachzudenken, wie sehr du die Person, mit der du arbeitest, nicht leiden kannst. Nimm deine Macht zurück, indem du die Zeit, die du mit Gesprächen, Gedanken und Sorgen über diese unangenehmen Menschen oder Dinge verbringst, begrenzt.

KOGNITIVE UMSTRUKTURIERUNG. WIE MAN SIE POSITIV VERWENDEN KANN

Die kognitive Umstrukturierung, die auch als Gedankenmodifikation bezeichnet werden kann, ist eine einfache, aber wirkungsvolle Methode, um negative Denkmuster zu erkennen und zu beseitigen. Bist du in deinem eigenen Kopf gefangen, gefangen in endlosen Spiralen des negativen Denkens?

Vielleicht ist es eine übermäßig wertende innere Stimme, die ständig auf vergangene Fehler und vermeintliche Misserfolge hinweist – oder vielleicht ist es eine aufdringliche Sorge um die Zukunft und der Vergleich mit anderen. Für viele Menschen ist die Hauptursache für emotionale Not und Unglücklichsein ihre eigenen negativen Gedanken. Tatsächlich sind sowohl bei Depressionen als auch bei Angstzuständen die eigenen negativen Gedanken das Hauptsymptom.

Obwohl das negative Denken automatisch ausgelöst werden kann und sich unserer Kontrolle entzieht, kann man lernen, sein Denken neu zu trainieren und sich durch die richtigen Übungen und Techniken von der Last des negativen inneren Dialogs zu befreien.

Die strukturierteste und wirksamste Methode zur Behandlung häufiger psychischer Symptome wie Angst und Depression ist die kognitive Umstrukturierung, das zentrale Verfahren der kognitiven Verhaltenstherapie. Die kognitive Umstrukturierung wird in erster Linie zur Behandlung von klinischen Erkrankungen wie Angst und Depression eingesetzt, kann aber auch jedem helfen, der mit allzu negativen Denkmustern und inneren Dialogen zu kämpfen hat.

Die kognitive Umstrukturierung geht vom Prinzip der kognitiven Mediation aus, das besagt, dass unser emotionaler Zustand nicht das Produkt unserer Erfahrungen ist, sondern vielmehr das Ergebnis der Qualität unseres Denkens. Das bedeutet, dass wir unseren emotionalen Zustand ändern können, indem wir ändern, wie wir denken.

Die kognitive Umstrukturierung hilft uns, geistig organisiert zu sein. Genauso wie das Aufschreiben der Aufgabenliste bei der Arbeit an einem großen Projekt dazu führt, dass wir uns organisierter und weniger überfordert fühlen, ermöglicht die kognitive Umstrukturierung, dass wir uns besser fühlen, indem wir unseren geistigen Raum ordnen. Wir sind gezwungen, langsamer zu werden. Jeder negative Gedanke bringt eine entsprechende negative Emotion mit sich. Wenn du dein Denken verlangsamst und ordnest, wirst du weniger negative Gefühle haben.

Die kognitive Umstrukturierung hilft uns auch, uns der Gedanken und emotionalen Reaktionen, die automatisch auftreten können, bewusster zu werden.

Wenn wir verstehen, dass unsere vordefinierten Denkmuster in Wirklichkeit automatische Muster sind, können wir neue, alternative Gedanken entwickeln und negatives Denken von etwas unkontrollierbaren Ereignis in etwas verwandeln, das wir kontrollieren können.

Dies ermöglicht uns, klarer und rationaler zu denken. Die kognitive Umstrukturierung hilft uns, die Fehler in unserem Denken zu erkennen, und ermutigt uns, unsere ursprünglichen Gedankengänge zu hinterfragen. Wie wir im nächsten Kapitel sehen werden, ist das Erkennen von kognitiven Verzerrungen ein wichtiger Bestandteil, um Gedanken und Stimmungen besser zu steuern.

Sie hilft uns, zu denken, anstatt zu reagieren. Wenn wir wütend werden, ist es ganz natürlich, dass wir reagieren, indem wir zum Beispiel noch ein Bier trinken gehen, uns mit YouTube ablenken usw. Wenn wir reagieren, ohne nachzudenken, haben wir keine Möglichkeit zu verstehen und zu lernen, wie unser Geist funktioniert. Dieses Lernen ist wichtig, wenn wir unser Denken und unsere Vorstellung von der Realität fließender gestalten wollen.

Es zerstört schlechte Assoziationen. Wir können geistige Gewohnheiten genauso gut verstehen wie körperliche Gewohnheiten (wie das Verdrehen der Haare oder das Kauen der Nägel). Wenn wir beginnen, die Gewohnheit zu isolieren und durch ein anderes Verhalten zu ersetzen, brechen wir mit dieser Gewohnheit.

Die kognitive Umstrukturierung hilft uns, unsere Automatismen in Bezug auf Flexibilität und Realismus zu bestimmen und zu verändern, was sich buchstäblich auf jeden Aspekt unseres Lebens auswirkt. In der Regel ziehen wir es vor, uns an das automatische, lineare Denken zu halten, ganz gleich, ob es sich um einen Konflikt mit dem Ehepartner, die Angst vor einem Vorstellungsgespräch oder Meinungsverschiedenheiten über ein kürzlich verstorbenes Familienmitglied handelt. Indem sie uns lehrt, flexibler zu denken, verändert die kognitive Umstrukturierung die Art und Weise, wie wir denken.

Obwohl wir wissen, dass manche Sorgen irrational sind und zu einem unnötig hohen Maß an Angst führen, ist es schwierig, diese Gewohnheit zu durchbrechen und sie loszuwerden. Die kognitive Umstrukturierung ist ein wirksames Mittel, um sie zu erkennen und sich von ihr zu distanzieren, indem wir die Irrationalität ablehnen und sie durch realistischere Denkmuster ersetzen.

Die kognitive Umstrukturierung hilft auch, das Grübeln und die Spirale der Depression zu durchbrechen. Genauso wie Angst ein wichtiger Faktor für Sorgen ist, ist das Grübeln einer der Hauptfaktoren für Depressionen. Grübeln tritt auf, wenn wir ständig über vergangene Fehler und Unzulänglichkeiten urteilen und nachdenken. Wenn die Sorge meist eine irrationale Vorstellung von der Zukunft ist, so ist das Grübeln eine irrationale Vorstellung von der Vergangenheit. Und es kann schwierig, wenn nicht sogar erschütternd sein, mit der Gewohnheit zu brechen, so kritisch über uns selbst und unsere Vergangenheit zu denken, wenn dies zum vorherrschenden Muster geworden ist. Die kognitive Umstrukturierung wird uns helfen, katastrophale depressive Kreisläufe zu überwinden, indem sie uns hilft, die negativen Gedankenmuster, die Depressionen hervorrufen, zu erkennen und zu ändern.

Unsere Fähigkeit, zu denken, Herausforderungen zu analysieren und zu bewerten und Probleme zu lösen, gehört zu unserem größten Kapital. Aber diese Stärke kann, wenn sie unkontrolliert bleibt, zu einer unserer größten

Schwächen werden. Problemlösendes Denken ist in manchen Situationen nützlich, in anderen jedoch nicht, wie ein Rädchen im Getriebe. Es ist zum Beispiel wahrscheinlich nicht sinnvoll, unsere Leistung während eines Anrufs zu analysieren, während wir im Bett liegen und versuchen zu schlafen. Eine der Hauptursachen für emotionalen und arbeitsbedingten Stress besteht darin, dass wir ständig im Problemlösungsmodus leben, obwohl dies nicht immer hilfreich ist.

Die kognitive Umstrukturierung kann uns dabei helfen, festzustellen, ob die Problemlösung, auf die wir ausgerichtet sind, angemessen ist oder nicht, und so den Übergang zu entspannteren mentalen Zuständen zu verbessern, wenn sich die Umstände ergeben. Und natürlich ist es für die Gesundheit von größter Bedeutung, Stress abbauen zu können.

Ein negativer innerer Dialog ist eine subtile, aber starke Ursache für Prokrastination. Obwohl es natürlich ist, sich abzulenken oder die Dinge eine Zeit lang aufzuschieben, ist es sicher, dass solche Tendenzen großen Schaden anrichten können, wenn sie die Form von lähmenden Blockaden selbstkritischen und negativen Denkens annehmen.

Andererseits wissen die meisten produktiven Menschen, dass ein Fehler nicht zwangsläufig tödlich sein muss, und sich selbst dafür zu kritisieren, führt zu viel größeren und schwerwiegenderen Produktivitätseinbußen.

Die kognitive Umstrukturierung kann uns helfen, Fortschritte zu machen, indem sie uns von inneren Dialogen und übermäßig harten Denkmustern abhält.

Es ist eine fast allgemeingültige Tatsache, dass Beziehungen von unserer Fähigkeit leben oder sterben, zu kommunizieren, zu fragen, was wir sofort wollen, nein zu sagen, was wir nicht wollen, aufrichtig und einfühlsam zuzuhören und so weiter. Weniger bekannt ist die Tatsache, dass die Art und Weise, wie wir uns zueinander verhalten, und unsere inneren Denkmuster unsere Kommunikationsfähigkeit beeinflussen. Es wird schwierig sein, uns zu fragen, was wir wollen, wenn wir ständig in Sorge sind, unserem Partner zu missfallen. Wenn wir die kognitive Umstrukturierung nutzen, um unseren inneren Dialog zu stimulieren, steigern wir auch unsere Fähigkeit zu ehrlicher und respektvoller Kommunikation.

Obwohl wir über uns selbst und die Welt um uns herum nachdenken müssen, sind wir nicht zu Pessimismus verurteilt. Die kognitive Umstrukturierung kann dir helfen, wenn du die Realität optimistischer einschätzt, ohne in das gegenteilige Extrem, d. h. in die Naivität, zu verfallen. Wenn wir unsere gewohnten Denkweisen sorgfältig studieren, können wir insbesondere die übermäßig negativen und pessimistischen Ansichten erkennen, die normalerweise unkontrolliert in unseren Köpfen herumschwirren würden.

Insbesondere unsere Denkweise über das Erleben von Sucht und anderen Suchtauslösern kann die Art und Weise beeinflussen, wie wir mit Bedürfnissen umgehen.

Die mentale Bewältigung der kognitiven Umstrukturierung kann den Umgang mit Wünschen und Abhängigkeiten wesentlich erleichtern. Diese Fähigkeit erstreckt sich in der Regel auch auf unser Verhalten. Mit anderen Worten: wenn wir unsere Gedanken kontrollieren können, fällt es uns auch leichter, unser Verhalten zu kontrollieren.

Durchsetzungsvermögen ist die Fähigkeit, sich ehrlich und glaubwürdig und mit Respekt gegenüber anderen auszudrücken. Durchsetzungsvermögen bedeutet jedoch, effektiv zu kommunizieren, um unsere Werte und Ziele zu verfolgen, unabhängig davon, wie wir uns im Moment fühlen.

Leider führt uns unsere momentane Gemütsverfassung oft von einem gesunden Durchsetzungsvermögen ab. Dies untergräbt das Selbstvertrauen und kann unser Selbstwertgefühl schwächen. Die kognitive Umstrukturierung ist ein guter Ausgangspunkt, um mit einer starken, selbstbewussten inneren Stimme zu sprechen und zu leben. Dadurch können unser Selbstbewusstsein und unser Selbstwertgefühl steigen. Unser kulturelles und wirtschaftliches System neigt dazu, das Urteilsvermögen zu betonen und zu fördern: wir (und andere) wollen hohe Standards einhalten und sind schnell dabei, darauf hinzuweisen, wenn diese Standards nicht erfüllt werden. Der Beobachtermodus ist eine unterbewertete Denkweise, obwohl es möglich wäre, eine Denkweise zu kultivieren, die alles erkennt und vorurteilsfrei beobachtet, anstatt alles zu analysieren und zu kritisieren. Für unseren Verstand und unsere Gefühle ist diese Denkweise besonders nützlich. Die kognitive Umstrukturierung kann uns daher helfen, einen einfühlsameren und mitfühlenderen Denkstil zu entwickeln, indem wir lernen, übermäßig kritische und wertende Denkmuster zu erkennen und zu verändern.

Eines der vielen Probleme eines ständig negativen Denkens ist, dass es keinen geistigen Raum für gesundes Nachdenken und nicht wertende Selbstbeobachtung lässt. Wie können wir über unsere Werte oder Bestrebungen nachdenken, wenn wir uns ständig Sorgen um die Zukunft und die Vergangenheit machen? Nicht zuletzt besteht einer der unterschätzten Vorteile der kognitiven Umstrukturierung darin, dass sie einen erstaunlich „offenen Geist" schafft, der es uns ermöglicht, über tiefe und wichtige Fragen über uns selbst weiter zu reflektieren.

POSITIVE PSYCHOLOGIE

KAPITEL 6

KOGNITIVE UMSTRUKTURIERUNG. WIE PASSIERT ES?

Beim Joggen auf dem Laufband oder bei den Klavierspielen offenbart sich immer wieder die Kraft der kognitiven Umstrukturierung. Es reicht nicht aus, sie zu verstehen und von Zeit zu Zeit anzuwenden: die kognitive Umstrukturierung muss konsequent durchgeführt werden und zur Gewohnheit werden, um einen signifikanten Einfluss auf dein Leben zu haben.

1. Auf die Taste „Pause" klicken

Die kognitive Umstrukturierung kann in vielen Situationen nützlich sein. Am besten nutzen wir sie, wenn wir eine starke negative emotionale Reaktion auf etwas haben, insbesondere wenn unsere Reaktionen unangemessen erscheint. Unsere typische Art, mit einer Welle plötzlicher negativer Gefühle umzugehen, besteht darin, instinktiv zu handeln: wütend sein → um sich schlagen; sich ängstlich fühlen → sich verstecken; sich traurig fühlen → ein Bier trinken – oder drückst du nach einer plötzlichen starken Emotion die „Pausentaste". Frage dich, wenn du aufgehört hast, was ist hier los?

Wenn es uns gelingt, unsere automatische Reaktion auf negative Gefühle zu unterdrücken und ihnen mit einer neugierigen Haltung zu begegnen, können wir die Situation intelligent bewältigen.

2. Die Auslöser identifizieren

Der nächste Schritt besteht darin, zu verstehen, was deine Reaktion auslöst, wenn du deine Pause gemacht hast. Ein Auslöser kann etwas sein, das in unserem äußeren Umfeld passiert: ein Kollege macht eine sarkastische Bemerkung, unser Ehepartner sieht uns schräg an, ein Fahrzeug schneidet uns auf der Straße, eine schwere Vergesslichkeit kommt uns plötzlich in den Sinn, oder die Erinnerung an einen Freund, der gerade gestorben ist.

Was, wann, wo oder wer war bei mir dabei, als ich wütend wurde, um mir zu helfen, das auslösende Ereignis in einer bestimmten Situation zu identifizieren? Da wir von Natur aus soziale Tiere sind, reagieren Menschen oft reflexartig auf unsere emotionalen Reaktionen, sowohl direkt als auch indirekt. Was ist passiert? Was ist passiert, dass ich so wütend geworden bin? Kein Detail und keine Tatsache sollten als zu gering angesehen werden, um Einfluss zu haben. Der Auslöser ist nicht auffällig und offensichtlich, sondern oft eher klein und subtil.

Wann habe ich angefangen, mich schlecht zu fühlen? Was ist kurz zuvor geschehen? Diese Frage ist besonders wichtig, wenn du Stunden oder Tage nach der Tat eine kognitive Umstrukturierung vornimmst.

Wo ist das alles passiert? Auslöser sind oft Teil unserer physischen Umgebung oder stehen mit ihr in Verbindung.

3. Die eigene Selbstvertrauen bemerken

Automatische Gedanken sind unsere augenblicklichen vorbestimmten Interpretationen. Sie haben fast immer die Form von verbaler Sprache oder manchmal auch von Bildern und Erinnerungen. Wir beschließen sie nicht, sie sind spontan.

Du könntest zum Beispiel automatisch denken: „Was für ein schlechter Eindruck!" Oder Sie denken vielleicht: „Oh Gott, eine nächtliche E-Mail des Chefs! Was habe ich falsch gemacht?" Wir alle haben automatisierte Gedanken, jeder von uns. Und wir nehmen sie meistens nicht oder nur vage wahr. Wir bemerken sie nicht. Im Zusammenhang mit der kognitiven Umstrukturierung ist es von zentraler Bedeutung, dass wir uns unserer automatischen Gedanken bewusst werden und sie überprüfen.

4. Die eigene emotionelle Reaktion und ihre Intensität bemerken

Unsere mentalen Interpretationen erzeugen Gefühle und hängen fast ausschließlich von der Art und Intensität der Gefühle ab, die wir erleben. Wenn du zum Beispiel denkst: „Was für ein Idiot", wirst du wahrscheinlich wütend sein. Wenn du zusätzlich denkst: „Was zum Teufel macht er da?!" Du fühlst vielleicht eine stärkere Wut. Aber wenn man automatisch denkt: „Oh mein Gott, er hätte mich fast getroffen! Ich bin mit 60 Meilen pro Stunde gefahren... Ich hätte sterben können." Es ist wahrscheinlicher, dass du etwas wie Angst oder Unruhe empfindest.

Schließlich kann es sein, dass deine emotionale Reaktion aus mehr als einer Emotion besteht. Wenn du automatisch denkst: „was für ein Idiot, er hätte mich fast überfahren!" Wahrscheinlich ist es eine Kombination aus Wut und Angst, die du empfindest. In diesem Fall ist es gut, beide zu beachten, auch wenn in der Regel einer der beiden stärker ist.

5. Alternative Gedanken kreieren

Sobald ein Auslöser identifiziert wurde, sind deine automatischen Gedanken und emotionalen Reaktionen berücksichtigt und der nächste Schritt besteht darin, alternative Ideen zu finden. Es ist einfach wichtig, flexibel zu sein und mehr Interpretationen zu entwickeln als nur die erste automatische Idee. Dadurch entsteht geistige Flexibilität, die der Schlüssel für die Fähigkeit ist, sich von negativem Denken und überwältigenden Gefühlen zu lösen.

Erinnere dich für jeden übermäßig negativen automatischen Gedanken an mindestens zwei oder drei alternative Gedanken, wenn möglich.

6. Die Intensität der eigenen emotionellen Reaktion wiederbewerten

Nachdem mehrere verschiedene Gedanken entstanden sind, geht man zu seinen Gefühlen zurück und bewertet deren Intensität neu. Fast immer hat die Intensität nachgelassen, weil die automatischen Gedanken herausgefordert wurden, realistischere alternative Ideen zu entwickeln. Dieser Schritt ist von entscheidender Bedeutung, denn er ist eine wichtige Verstärkung der neuen Gewohnheit der kognitiven Umstrukturierung, die es dir ermöglicht, die Erleichterung der verringerten negativen Emotionen zu sehen und zu spüren.

- Mit anderen Worten: wenn du die Belohnung einer negativen Emotion erhältst, die in ihrer Intensität abnimmt, ist es sehr wahrscheinlich, dass du sie langfristig als Gewohnheit mit einem wünschenswerten Nutzen beibehältst.

- Wie man eine kognitive Umstrukturierung mit Hilfe eines Gedankendatensatzes durchführt: die vorherigen Schritte geben einen guten Überblick über die Elemente der kognitiven Umstrukturierung und darüber, wie man sie im Allgemeinen durchführt. Aber wenn wir anfangen, ist es nützlich, ein spezifisches Modell zu haben, das uns durch die Schritte führt. Und genau dafür ist der Gedanken-Tracker da.

- Ein Gedanken-Tracker ist eine Vorlage, die dich durch die spezifischen Elemente und Schritte der kognitiven Umstrukturierung führt.

- Wenn du gerade erst mit der kognitiven Umstrukturierung beginnst, kannst du auch nur ein Blatt Papier und einen Stift benutzen, zumindest am Anfang. Die Studie zeigt, dass das Anfertigen von Notizen mit Stift und Papier dazu beiträgt, die Bearbeitung und das Gedächtnis für das betreffende Thema zu verbessern, was wichtig ist, wenn man den gesamten Ansatz frühzeitig beherrschen will.

- Zu Beginn ist es in der Regel am besten, die kognitive Umstrukturierung immer als Gedankenspur durchzuführen, damit du den Prozess verstehen kannst. Wenn du genug Erfahrung hast, wirst du es schließlich auch im Kopf machen können.

Kognitive Störungen verstehen

Keine Diskussion über kognitive Umstrukturierung und Gedankenaufzeichnungen wäre vollständig ohne den Hinweis auf kognitive Verzerrungen und die Rolle, die sie beim negativen Denken spielen. Kognitive Verzerrungen sind unrealistische, übertriebene und falsche Formen des inneren Dialogs. Und diese Fehler in unserem Denken führen in der Regel zu Verzerrungen in unseren Gefühlen, in Form von übermäßig starken negativen Gefühlen.

Ein Beispiel: Du hast am Sonntagnachmittag eine E-Mail von deinem Chef erhalten, in der steht: „Wir müssen uns so schnell wie möglich am Montagmorgen treffen. Bitte kommen Sie in mein Büro, wenn Sie ankommen." Stelle dir vor, du denkst: „Oh großartig, er wird mich feuern, ich weiß es. Ich habe die Sitzung letzte Woche gründlich vermasselt, und das ist das Ergebnis". Es klingt daher bedrohlich. Hier treten zwei kognitive Fehler auf: „Ich weiß, er wird mich feuern", wenn wir uns vorstellen, was jemand anderes denkt, ohne Beweise dafür zu haben, dass es real ist oder nicht, ist das, was Psychologen Gedankenleseverzerrung nennen.

Der zweite Fall, „ich habe die Sitzung völlig ruiniert...", wird als Vergrößerung bezeichnet, und ist eine kognitive Verzerrung, dass auftritt, wenn wir einen Fehler machen und ihn überproportional vergrößern.

Bei beiden Verzerrungen war die Art und Weise, wie wir mit uns selbst sprachen, wahrscheinlich unrealistisch negativ. Wahrscheinlich haben wir deshalb eine Menge negativer Emotionen wie Furcht, Angst oder Scham erlebt. Natürlich spielen wir alle mit unserem inneren Dialog manchmal ein wenig schnell und locker. Wenn du es jedoch regelmäßig übertreibst, ist die Wahrscheinlichkeit groß, dass dies darauf zurückzuführen ist, dass deine übliche Art, mit dir selbst über Dinge zu sprechen, tief verwurzelte kognitive Verzerrungen enthält.

Um dir zu helfen, sie zu erkennen, findest du hier eine Liste der häufigsten Arten von kognitiven Verzerrungen, gefolgt von einer kurzen Beschreibung und einem Beispiel für jede Art.

Den Geist reden

Es bedeutet, dass man sich anmaßt zu verstehen, was andere denken, ohne dafür Beweise zu haben. Letztendlich ist das Gedankenlesen ein Versagen der Vorstellungskraft: wir stellen uns nur das Negative vor, ohne andere Möglichkeiten in Betracht zu ziehen, von denen einige neutral oder sogar positiv wären. Wenn unser Ehepartner uns zum Beispiel nicht sofort begrüßt, wenn wir von der Arbeit nach Hause kommen, nehmen wir an: „Er muss wütend auf mich sein, weil ich etwas getan habe".

Übergeneralisierung

Wenn wir eine Vorstellung auf etwas ausdehnen, das über das hinausgeht, was angemessen ist. Beispiel: Nachdem wir erfahren haben, dass unser Flug Verspätung hat, sagen wir im Geiste: „Typisch! Meine Reisen sind immer verspätet".

Vergrößerung

Vergrößerung bedeutet, dass wir unsere Fehler oder Unzulänglichkeiten aufgreifen und übertreiben. Die Vergrößerung erfolgt meist in der Form, dass kleine negative Ereignisse katastrophale Ausmaße annehmen und zu echten Katastrophen werden. Wenn wir zum Beispiel Herzklopfen hören, denken wir uns: „Was ist mir passiert? Ich habe einen Herzinfarkt, oder? Ich muss jetzt so schnell wie möglich einen Notruf anrufen!"

Reduzierung

Die Reduktion ist die Verzerrung des Vergrößerungsspiegel und beinhaltet die Verkleinerung der positiven Aspekte. Wenn wir uns klein machen, fühlen wir uns unzulänglich, weil wir es uns nicht erlauben, unsere wichtigsten positiven Eigenschaften und persönlichen Erfolge zu würdigen. Ein Beispiel dafür ist, wenn wir uns nach einer Prüfung sagen: „Klar, ich habe bestanden, aber ich habe die einfachsten Fragen im Test falsch beantwortet".

Emotionales Denken

Emotionales Denken bedeutet, dass wir Entscheidungen auf der Grundlage unserer Gefühle treffen und nicht auf der Grundlage der tatsächlichen Fakten. Zum Beispiel: „Wenn ich mich nur mehr motiviert fühlen würde, könnte ich meinem Studium vorankommen und meinen Urlaub ohne Schuldgefühle genießen".

Schwarz oder weiß

Schwarz-Weiß-Denken ist eine Tendenz, die Dinge ausschließlich in extremen Kategorien zu bewerten. Wenn wir uns zum Beispiel an einen kürzlichen termin erinnern, der scheinbar schief gelaufen ist, denken wir: „Äh... ich bin so peinlich!"

Personalisierung

Personalisierung bedeutet, dass wir übermäßig viel Verantwortung übernehmen, vor allem für Dinge, die größtenteils oder vollständig außerhalb unserer Kontrolle liegen. Wenn unser Sohn zum Beispiel am Ende eines Fußballspiels einen entscheidenden Fehler macht, denken wir uns: „Hätte ich doch nur gestern mit ihm trainiert, als er mich darum gebeten hat, dann hätte er diesen Fehler nicht gemacht!"

Argumentation durch Glück

Dies ist der Fall, wenn wir auf der Grundlage von wenigen oder gar keinen Beweisen vorhersagen, was passieren wird. Unser Unterbewusstsein schickt uns ein negatives Ergebnis oder ein Worst-Case-Szenario und denkt, dass das Glück uns nicht helfen wird. Beispiel: Nach einer Sitzung sagen wir voraus: „Es lief so gut... sie werden unseren Vorschlag in keiner Weise akzeptieren".

Etikettierung

Eine Etikettierung liegt vor, wenn wir eine stereotype Darstellung von uns selbst oder anderen verwenden. Da Menschen und ihre Selbstwahrnehmung sehr nuanciert sind und sich ständig verändern, ist die Etikettierung oft eine ungenaue Vereinfachung. Beispiel: nach einem Streit mit unserer Frau sagen wir: „Sie ist so eine Frau".

Erklärungen

Diese Aussagen sind eine Art innerer Dialog, mit dem wir oft versuchen, uns selbst zu motivieren, indem wir immer wieder sagen, was wir tun oder lassen sollten. Wenn wir uns angewöhnt haben, Aussagen zu verwenden, die mit „wenn" beginnen, haben wir die falsche Erwartung, dass wir mehr Gewissheit haben sollten, als wir haben. Dies kann zu chronischer Frustration, Ängsten und Groll führen. Beispiel: „Wenn er/sie meinen Vorschlag ablehnt", bevor er/sie den ersten Schritt macht.

Kontrolle der Störungen

Bei der kognitiven Umstrukturierung solltest du immer auf die kognitiven Verzerrungen achten. Einige Gedankenaufzeichnungen widmen jedoch einen besonderen Platz der Untersuchung jeder kognitiven Verzerrung, die in deinen Gedanken auftritt.

Wenn wir diese üblichen Verzerrungen unseres Denkens besser erkennen können, ist es viel wahrscheinlicher, dass wir sie korrigieren, realistischer denken und uns infolgedessen nicht mehr so schlecht fühlen.

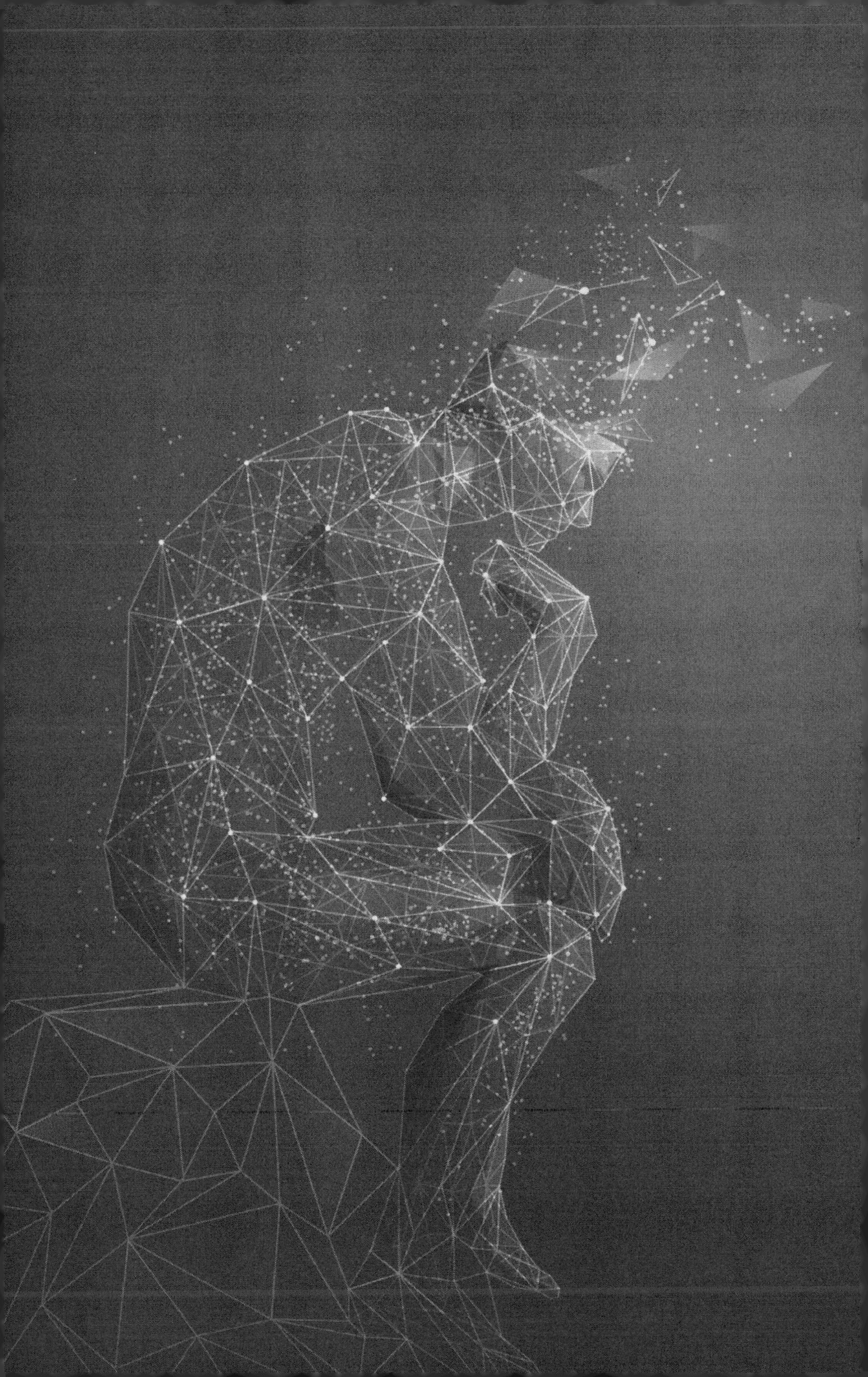

POSITIVE PSYCHOLOGIE

KAPITEL 7

KHÄUFIGE HINDERNISSE BEI DER KOGNITIVEN UMSTRUKTURIERUNG

Die kognitive Umstrukturierung ist nicht einfach. Zum Teil, weil es oft viele unvorhergesehene und mächtige Hindernisse gibt, die unsere besten Absichten zunichte machen. Hier sind die häufigsten Hindernisse für die kognitive Umstrukturierung.

1. ***Keine Praxis***

In gewisser Weise liegt es auf der Hand: Um effektiv zu sein, muss man kognitive Umstrukturierung betreiben. Wenn wir es jedoch versuchen und sofortige Ergebnisse erwarten, können wir enttäuscht werden. Ziel der kognitiven Umstrukturierung ist es, die Art und Weise, wie wir traumatische Ereignisse normalerweise in unserem Kopf sehen, grundlegend zu verändern. Dies ist ein langfristiges Ziel. Und obwohl es durchaus möglich ist, erfordert es viel Übung. Stelle also deine Erwartungen entsprechend ein.

2. ***Wenn du vergisst, zu praktizieren***

Wie sehr wir auch verstehen und bestätigen, dass die kognitive Umstrukturierung wirksam ist, es braucht Übung, um erfolgreich zu sein, und zuallererst müssen wir daran denken, zu üben. Selbst bei bestem Willen gehen neue Verhaltensweisen oft verloren, vor allem, weil wir uns nicht ständig daran erinnern, sie zu praktizieren. Es ist schwierig, sich an die kognitive Umstrukturierung zu erinnern, denn sie ist nicht etwas, das wir nur üben können, wenn wir freie Zeit haben; stattdessen ist es am besten, sie zu üben, wenn wir ein Problem haben und damit beschäftigt sind.

Um dies umzukehren, könnten wir damit beginnen, die Dinge zu identifizieren, die wir tun, wenn wir Wut empfinden, und sehen, ob wir sie nicht als realistische Erinnerungsübung nutzen können.

Wenn du z. B. jedes Mal, wenn dein Nachbar zu Hause nervt, mit deiner Schwester sprichst, könntest du sie bitten, dich daran zu erinnern, eine kognitive Umstrukturierung vorzunehmen – oder es könnte sein, dass du jedes Mal, wenn du dich mit deinem Partner streitest und wütend wirst, dazu neigst du, in dein Zimmer zu verschwinden, um an deinem Computer zu spielen. In diesem Fall kannst du einen Zettel mit der Aufschrift „Kognitive Umstrukturierung" auf deinem Laptop hinterlassen, damit du dich besser erinnern kannst.

3. *Praxis im Abstrakten*

Zu Beginn ist es sehr wichtig, dass du nicht versuchst, eine kognitive Umstrukturierung im Kopf vorzunehmen. Das Aufschreiben von Dingen und die Bezugnahme auf eine Gedankenspur tragen dazu bei, die grundlegenden Kenntnisse und Fähigkeiten zu erwerben, die für eine erfolgreiche Arbeit benötigen. Die kognitive Umstrukturierung auf Papier (oder in digitaler Form) hat einen zweiten großen Vorteil: Sie zwingt dich zur Verlangsamung. Wir können nicht zu schnell schreiben/zählen. Wenn wir also unsere Gedanken auf die Geschwindigkeit des Schreibens zwingen, wird die Gesamtintensität unserer Gefühle herabgesetzt.

4. *Viel Zeit etwas widmen*

Die kognitive Umstrukturierung ist nur von begrenztem Nutzen, wenn zu wenig Zeit darauf verwendet wird, aber es kann auch ein Problem sein, zu viel Zeit darauf zu verwenden. Viele Menschen, die zu viel Zeit mit kognitiver Umstrukturierung verbringen, quälen sich mit kleinen Details und übertreiben es. Das Problem ist, dass ein solcher Ansatz nicht nachhaltig ist und diejenigen, die ihn verfolgen, schnell erschöpft werden.

Eine gute Faustregel besagt, dass die kognitive Umstrukturierung nicht länger als 5 bis 10 Minuten dauern sollte. Je nach der Komplexität der Situation und Ihrer Vertrautheit mit der Ausbildung kann es am Anfang etwas länger dauern, aber im Allgemeinen sollte dies keine zeitraubende Tätigkeit sein. Sie sollte operativ sein: präzise und beschreibend.

5. *Vereinfachtes Denken*

Einer der größten Fehler bei der kognitiven Transformation besteht darin zu glauben, dass es sich dabei nur um ein „einfaches Denken" handelt. Das ist in Wirklichkeit überhaupt nicht der Fall.

Das ultimative Ziel der kognitiven Umstrukturierung ist nicht, positiver zu denken, sondern objektiver zu denken. Wenn du gewohnt bist, negativ und unrealistisch zu denken, wird dir die kognitive Verbesserung natürlich helfen, optimistischer zu sein. Aber das ist nur eine der praktischen Auswirkungen des Denkens.

6. *Erscheint zu banal*

Die meisten Menschen glauben, dass eine Änderung der Worte, mit denen sie sich selbst bezeichnen, einen tiefgreifenden und dauerhaften Einfluss auf die Realität der Dinge haben kann. Sie lehnen sie also ab.

Das vielleicht heimtückischste Hindernis für kognitive Veränderungen ist der Glaube, dass es keine gute Idee ist, sich mit unseren negativen Gedanken auseinander zu setzen, selbst wenn es darum geht, sie in die Tat umzusetzen.

Die kognitive Therapie ist immer wirksam, aber sie ist nicht der einzige Weg, um mit Problemen zurechtzukommen.

Die kognitive Umstrukturierung ist ein Konzept, manchmal sogar das Beste, aber wir müssen uns darüber bewusst sein, dass es andere Lösungen gibt, die je nach Kontext und Umständen effektiver sein können.

Es ist wichtig, negativen Gedanken zu stoppen, wenn du sie bemerkst, und deine Aufmerksamkeit auf die potenziell positive Seite zu lenken. Sei vernünftig. Negative Gefühle werden nicht sofort verschwinden, aber mit etwas Übung wirst du eine optimistischere Einstellung annehmen.

Auch Fakten sollten nicht vergessen werden, sondern man sollte bedenken, dass man die Schwierigkeiten positiv nutzen kann.

Wie man das positive Denken praktizieren kann

Jetzt beschäftigen wir uns mit der praktischen Ebene. Wirfst du einen Blick auf diese Gelegenheiten:

Mehr lächeln: In einer Erhebung wurde festgestellt, dass sich Personen, die während der Durchführung einer stressigen Tätigkeit lächelten (selbst wenn es sich um ein Höflichkeitslächeln handelte), danach besser fühlten als diejenigen, die einen neutralen Eindruck hatten. Allerdings hat man mehr davon, wenn das Lächeln echt ist. Suche also nach Spaß und vergisse nicht, zu lachen.

Deinen Zustand neu einstellen: versuche, statt wütend zu werden, dich an die ironischen Aspekte der Situation zu erinnern, wenn etwas Schlimmes passiert, auf das du keine Kontrolle hast. Anstatt dich auf den Verkehr zu konzentrieren, kannst du die Zeit, in der du hinter dem Lenkrad festsitzt, nutzen, um Musik oder einen lustigen Podcast zu hören.

Ein Dankbarkeitstagebuch schreiben: Es mag ein bisschen banal erscheinen, aber du wirst ermutigt, auf die guten Dinge im Leben zu achten, wenn du dich hinsetzt und die Dinge aufschreibst, für die du dankbar bist. Eine Studie hat die Vorteile aufgezeigt: Menschen sind dankbarer, hoffnungsvoller und blicken optimistischer in die Zukunft. Und sie schlafen auch besser. *Eine bessere Zukunft sich vorstellen*: du brauchst, tief nachzudenken und eine positive Einstellung über deine Zukunft, Beziehungen, Arbeit und Hobbys schreiben. Du wirst glücklicher sein, wenn du dich vorstellen wird, ein gutes und positives Leben zu führen – wie Forschungen gezeigt hatten. *Auf Stärken sich konzentrieren*: Sprich eine Woche lang jeden Tag über eine deiner persönlichen Eigenschaften, wie Mitgefühl, Bereitschaft, Disziplin oder Fantasie. Notiere, wie du erwartest, dass der Tag deine Kraft auf neue Weise zum Tragen bringt. Dann handle entsprechend. Die Teilnehmer an einer Studie, die dies taten, waren am Ende der Woche zufriedener und hatten weniger depressive Symptome. Sechs Monate später waren die Vorteile noch deutlicher. Mit etwas Praxis wirst du mehr optimistische Gedanken in dein Leben bringen und die Vorteile des Optimismus schätzen. Unangemessenes positives Denken kann eine Spirale auslösen, die kontraproduktiv ist, insbesondere für Menschen, die zu Angstzuständen und Depressionen neigen. Forschungen zeigen, dass wiederholte positive Selbstbestätigungen über sich selbst zwar Menschen mit hohem Selbstwertgefühl helfen können, bei Menschen mit mangelndem Selbstvertrauen jedoch kontraproduktiv sein können. Wenn konstruktive Worte unwirksam oder sogar schädlich sind, wie können wir dann die Verantwortung übernehmen und uns emotional zu Veränderungen motivieren?

Hier sind einige Taktiken, mit denen du versuchen kannst, den inneren Dialog für dich und nicht gegen dich zu führen.

Die Wissenschaft hat gezeigt, dass das Stellen von Fragen ein viel effektiverer Weg ist, um Verbesserungen zu erreichen, als Erklärungen abzugeben. Wenn du Vorwürfe von deinem inneren Kritiker hörst, überlege: Wie kann ich diese Aussage in eine Frage verwandeln? Das Stellen von Fragen eröffnet neue Möglichkeiten und Entdeckungen. Diese Methode der Selbstbeobachtung regt die Problemlösungsbereiche des Gehirns an und hilft dir, deine verborgene Vorstellungskraft zu nutzen. Negativen Gedanken solltest du mit Neugierde begegnen. Fokus auf Wachstum, nicht auf Perfektion: Eine positive Affirmation wie „Ich bin wunderbar und stark" ist kontraproduktiv, wenn man nicht wirklich an sie glaubt, sowohl kognitiv als auch emotional. Um dein Denken effektiv umzugestalten, musst du verstehen, wer du bist, und über deinen Fortschritt nachdenken: die neue Richtung oder den Weg, den du gehen willst. Ein anderes Beispiel: Wenn du dir sagst: „Ich bemühe mich jeden Augenblick, mein Geld bewusster anzulegen", zeigt das, dass du dich veränderst und dass du die Chance hast, dir eine bessere finanzielle Zukunft aufzubauen.

Wenn du anfällig für einen negativen inneren Dialog bist, und genug hast von positiven Affirmationen, die nicht funktionieren, versuche eine dieser Reframing-Methoden. Möglicherweise verbessern sich deine Einstellung, deine Produktivität und Leistung deutlich.

POSITIVE PSYCHOLOGIE

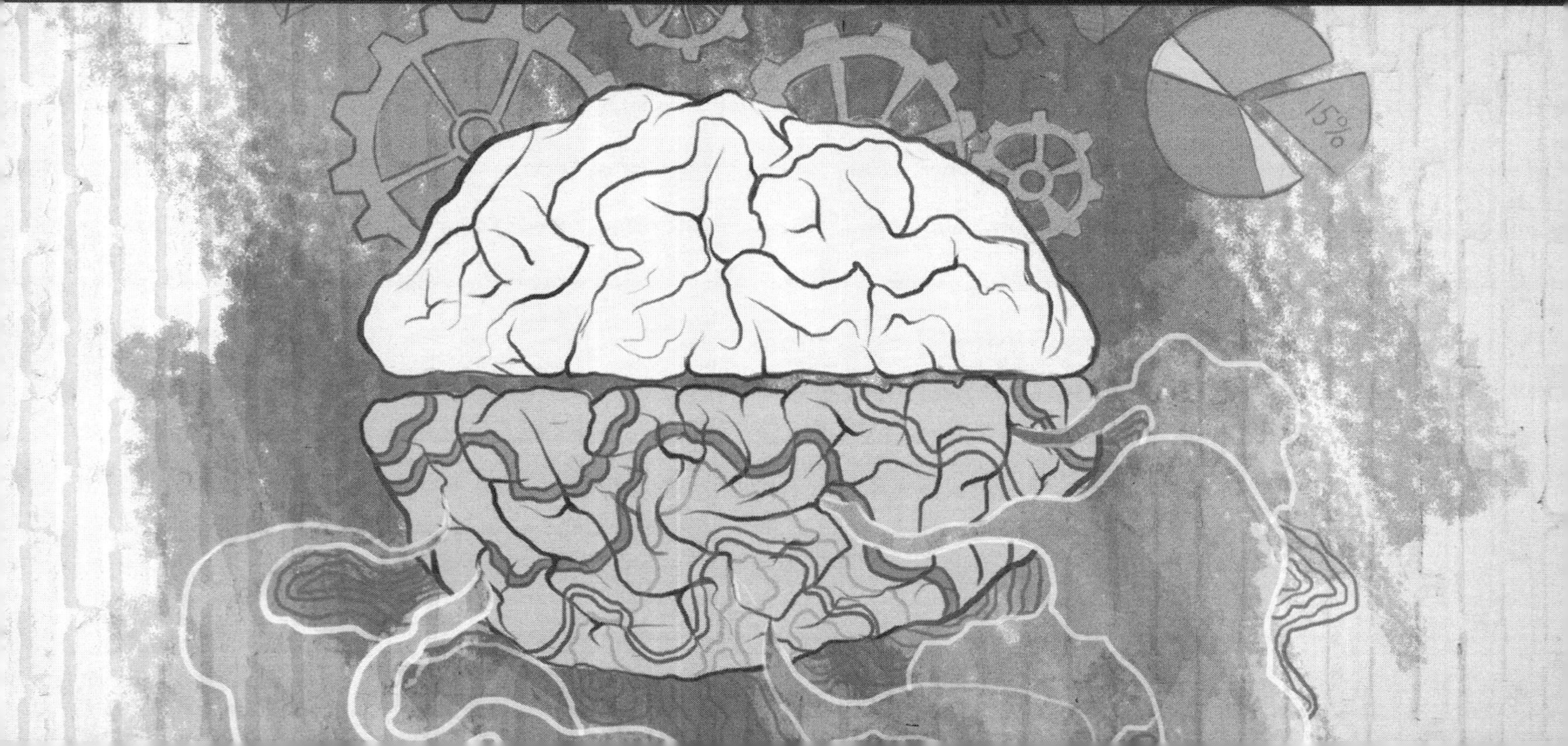

KAPITEL 8

DIE INNERE LANDKARTE DER REALITÄT

Die innere Landkarte der Realität ist die Interpretation unserer Version der Wahrheit. Wenn wir Gefühle des Mangels und der Begrenzung empfinden, nehmen wir dies wahr, weil wir die Realität unbewusst filtern. Unsere innere Landkarte der Wahrheit, unser Verständnis, wird also oft durch Situationen, Ereignisse und Menschen erzeugt. In der Tat wissen wir nicht, was wir in der Lage zu löschen, manipulieren oder werden sind.

Andererseits werden wir diese innere Landkarte erweitern, weil wir uns aktiv bewusst sind, was und wie wir Dinge machen. Das ist unsere Erfahrung. Und je mehr wir unser Verständnis erweitern, desto bewusster wird uns, wer wir sind, welche Möglichkeiten wir haben und welche Fülle wir zu sehen und zu erleben beginnen.

Jedes Mal, wenn wir unsere Sinne benutzen, um etwas zu sehen, zu hören, zu berühren, zu riechen oder zu schmecken, d. h. jedes Mal, wenn unsere Sinne eine Wahrnehmung erzeugen, modifizieren wir sie. Was auch immer wir an Sinneseindrücken empfangen, wir filtern sie, sobald es eintritt. Was während des Filterzyklus übrig bleibt, ist unsere Erfahrung: unsere innere Landkarte, auf die wir unsere Aufmerksamkeit richten.

Die Aufmerksamkeit führt zu einem energetischen Impuls in Richtung dessen, was die von uns gesammelten und gefilterten Informationen uns sagen. Nach diesem Prozess ist alles, was übrig bleibt, unsere innere Landkarte der Realität. Sie wird auch durch die Maßnahmen bestimmt, die man ergreift bzw. nicht ergreift.

Der Filterungsprozess hat drei Funktionen: Eliminierung, Verzerrung und Verallgemeinerung. Zu jedem Zeitpunkt gibt es Millionen von Informationen, die wir über unsere Antennen, unsere Sinne, empfangen. Ein Teil davon wird sofort beseitigt. Und von allem, was wir mit unseren Sinnen wahrnehmen, nehmen wir nur wenige Details wahr. Dieser Löschvorgang geschieht so schnell und automatisch, dass wir ihn gar nicht bemerken.

Unser Fokus richtet sich dann automatisch auf das, was nach dem Ausschlussverfahren übrig bleibt. Mit anderen Worten: Unsere innere Landkarte der Realität ist persönlich und hochgradig individualisiert. Sie entspricht nicht die Wahrheit.

Außerdem verzerrt der Filterungsprozess das, was hereinkommt. Warum? Damit die Informationen mit dem übereinstimmen, was wir bereits in uns tragen, was wir glauben, was wir schätzen usw.

Wir verzerren die Realität jedes Mal, wenn wir an die Zukunft denken, Pläne schmieden oder uns etwas vorstellen, das noch nicht existiert, aber das wir uns wünschen. Wie bei den Streichungen bestimmen die Verzerrungen das Material, auf das wir uns konzentrieren. Das heißt, worüber wir nachdenken.

Was wir darüber denken, wie wir uns fühlen, wie wir verhandeln, was wir anziehen und wovon wir angezogen werden. Wenn wir also eine Absicht haben, ist es wahrscheinlicher, dass wir die Macht bekommen, die wir von Natur aus über das haben, was wir erschaffen.

Die Verallgemeinerung ist eine weitere Funktion des Filterns. Aufgrund der Verallgemeinerungen, die wir geschaffen haben, müssen wir nicht immer wieder neu lernen, was eine Kirche ist, was Schulen sind oder Lebensmittel, Geschirr, Autos, Flüsse, Freunde usw.

Nachdem der Filterprozess abgeschlossen ist, schaffen wir mit dem, was übrig bleibt, die so genannten „inneren Repräsentationen" oder einfacher gesagt die Gedanken, auf die wir uns konzentrieren.

In der Tat sind es also unsere Gedanken, mit denen wir die Fakten sehen. Alles wird gegeben und begrenzt durch das, was wir aus der Realität herausfiltern. Dieser Prozess ist problematisch, wenn wir ihn nicht bemerken, aber ein Segen, wenn wir ihn erkennen.

Alles, was unsere Eltern, Erziehungsberechtigten und die Autoritätspersonen, die über uns bestimmen, uns glauben machen wollen, ist euphemistisch ausgedrückt das, was sie uns einprogrammiert haben.

Wenn man sich bewusst macht, was man tut und wie man es tut, verändert sich die Wahrnehmung. Das bedeutet, dass du die Macht hast, das Programm umzuschreiben, es selbst in die Hand zu nehmen: genau wie du es jetzt tust!

Einer der wichtigsten Vorteile des Erlernens dieser Prozesse besteht darin, dass du, sobald du erkennst, was du unbewusst tust, auf natürliche Weise deine Möglichkeiten erweiterst, indem du erkennst, dass du die Ursache und Wirkung deines SELBST bist. Vielleicht bist du im Moment nur eine kleinere Version von dich selbst. Vielleicht geht es dir wie mir: Du hast eine

Persönlichkeit, die von anderen geprägt wurde. Es gibt zwei Aspekte zu berücksichtigen: die Welt des Geistes und die Welt jenseits des Geistes. Die Welt des Geistes erschafft vier äußerst wichtige Aspekte deines Lebens: wie du dich fühlst, wie du behandelst, welche Menschen und Situationen du anziehst und welche Bedeutungen du den Ereignissen um dich herum zuweist.

Fast alle Menschen schaffen diese vier Säulen unbewusst auf Autopilot, obwohl sie bewusst und freiwillig geschaffen werden können.

Der Teil von dir, der diese vier Säulen erschafft, ist in Wirklichkeit die innere Landkarte der Realität, die Gesamtheit der inneren kognitiven Prozesse, die die ganze Zeit in dir ablaufen. Du hast diese innere Landkarte der Realität als Kind genau so erschaffen, wie du sie gebraucht hast, um dich in deiner Kindheit zurechtzufinden. Wenn du liebevolle Eltern, ein sicheres Umfeld und eine freundliche Betreuung hattest, funktioniert deine innere Landkarte der Realität wahrscheinlich recht gut und führt meistens zu positiven Ergebnissen. Wenn du emotional gestörte Eltern hattest, die vielleicht verängstigt, wütend, ängstlich oder gewalttätig waren, oder wenn dein Umfeld unsicher war, wird deine innere Landkarte der Realität höchstwahrscheinlich unangenehme Ergebnisse und negative emotionale Erfahrungen hervorbringen.

Wenn du lernst, deine innere Landkarte zu beobachten, wie sie deine Interpretationen der Realität erzeugt, wirst du in der Lage sein zu wählen, und das ändert alles. So funktioniert also diese innere Landkarte: sie erhalten Input von deiner Umgebung. Du siehst, hörst, berührst, riechst oder schmeckst. Du machst Erfahrungen. Wenn du Informationen erhältst, filterst du sie durch Überzeugungen, Werte, Erinnerungen und Entscheidungen. Diese Filter löschen, verzerren und diffundieren diese sensorischen Informationen. In der Tat löscht man zu jeder Zeit Millionen von Bits, von denen man fast nichts weiß.

Wir löschen zum Beispiel alles, was nicht mit unseren Überzeugungen übereinstimmt oder was wir nicht für sinnvoll halten. Diese Filter bestimmen unbewusst, worauf du dich konzentrierst, und wie du weißt, wenn du dich auf etwas konzentrierst, findet dein Geist einen Weg, mehr davon zu erschaffen oder anzuziehen. Wenn du zum Beispiel alle Informationen und Erfolgsstrategien eliminierst, kannst du dich nicht auf sie konzentrieren, was bedeutet, dass du keinen Erfolg schaffen oder anziehen kannst.

Außerdem verzerren diese Filter das, was hereinkommt, um zu bestätigen, was wir bereits glauben oder schätzen. Zu diesem Zweck fügst du vielleicht etwas hinzu, dass es in Wirklichkeit gar nicht gibt, oder erzeugst eine andere falsche Wahrnehmung, damit das, was hereinkommt, mit deiner aktuellen Landkarte der Realität übereinstimmt. Eine Verzerrung kann schädlich oder nützlich sein. Man kann die Informationen auch so verändern, dass sie ungeahnte positive Möglichkeiten eröffnen.

Wenn wir uns eine bessere Zukunft vorstellen, Pläne machen, Ziele setzen, uns etwas vorstellen, das es noch nicht gibt, dann verzerren wir sie in einer positiven Weise.

Wenn wir uns unbewusst auf die Dinge, die wir wollen, konzentrieren, ist das leider eine gute Möglichkeit, es zu erreichen oder mehr davon anzuziehen. Die Informationen kommen also herein und wir filtern sie, ohne dass wir uns dessen bewusst sind. Mit dem, was übrig bleibt, schaffen wir innere Repräsentationen der Realität: Bilder, Klänge, kinästhetische Empfindungen, Gerüche, Geschmäcker sowie unser innerer Dialog darüber. Im Laufe der Zeit schaffen wir diese internen Repräsentationen in Sequenzen, die die Kognitionspsychologen als Strategien bezeichnen. Diese Sequenzen haben in jedem Moment einen direkten Einfluss auf unsere Gefühlslage.

Diese Gefühle bestimmen dein Verhalten, deine Einstellungen und deine Handlungen. All dies sendet Informationssignale an andere und zieht bestimmte Menschen und Situationen an. Schließlich führt deine innere Repräsentation dazu, dass du Bedeutungen kreierst, die du für alles, was um dich herum geschieht, für wahr hältst.

Hier ist die Schlussfolgerung. Wenn man konzeptionell lernt, wie dieser Prozess funktioniert, und dann lernt, ihn in der Praxis zu beobachten, schafft diese Beobachtung das notwendige Bewusstsein, um die Macht der Wahl zu entwickeln.

POSITIVE PSYCHOLOGIE

KAPITEL 9

NEUROPLASTIZITÄT

Mit dem Wort „Neuroplastizität" bezieht man sich auf die Fähigkeit des Gehirns, sich an physiologische Veränderungen anzupassen, die im Gehirn als Folge unserer Interaktionen mit der Umwelt auftreten. Die Zusammenhänge zwischen den Zellen unseres Gehirns reorganisieren sich als Reaktion auf seine sich verändernden Bedürfnisse, und zwar von dem Moment an, in dem sich das Gehirn in der Gebärmutter zu entwickeln beginnt, bis zu dem Tag, an dem wir sterben. Dieser komplexe Prozess hilft uns, aus unseren Erfahrungen zu lernen. Unser Gehirn ist außerordentlich. Je nach den Erfahrungen, die wir machen, werden verschiedene Bahnen lebendig oder schlummern, werden geschaffen oder verworfen. Wenn wir etwas Neues erfahren, bilden wir neue neuronale Verbindungen. Wir stellen unser Gehirn neu ein, um uns auf neue Situationen einzustellen. Dies geschieht täglich, aber wir können es auch fördern und anregen. Neuroplastizität, also die Fähigkeit des Gehirns, sich im Laufe des Lebens neu zu organisieren, wird durch die Bildung neuer neuronaler Verbindungen erreicht. Die Neuroplastizität ermöglicht es den Neuronen (die sogenannten Nervenzellen) im Gehirn, Verletzungen und Krankheiten zu kompensieren und ihre Aktivitäten an neue Situationen und Veränderungen in ihrer Umgebung anzupassen. Die Reorganisation des Gehirns erfolgt durch Mechanismen wie die „axonalen Sprossungen", bei denen unbeschädigte Axone neue Nervenenden entwickeln, um Neuronen, wieder zu verbinden, deren Verbindungen beschädigt oder unterbrochen wurden. Darüber hinaus können intakte Axone Nervenenden aussprossen und sich mit anderen intakten Nervenzellen verbinden, so dass neue Nervenbahnen entstehen, die eine erforderliche Funktion erfüllen. Wenn zum Beispiel eine Gehirnhälfte geschädigt ist, können einige ihrer Funktionen von der intakten Hemisphäre übernommen werden. Das Gehirn kompensiert die Schädigung, indem es sich neu organisiert und neue Verbindungen zwischen intakten Neuronen herstellt. Dazu müssen die Neuronen durch Aktivität stimuliert werden. Auch die Neuroplastizität kann zuweilen kompromittierend sein. Gehörlose Menschen können ein ständiges Klingeln in den Ohren (Tinnitus) entwickeln, das durch die Wiederherstellung der schallhungrigen Gehirnzellen entsteht. Die Neuronen müssen richtig stimuliert werden, um nützliche Verbindungen zu bilden. Neuroplastizität wird auch als Gehirnplastizität oder Verformbarkeit des Gehirns bezeichnet.

Typen von Neuroplastizität

Es gibt keine allumfassende Theorie zur Erforschung der Neuroplastizität, die sich auf verschiedene Strukturen und Systeme erstreckt. Forscher beschreiben Neuroplastizität jedoch häufig als die Fähigkeit, adaptive Veränderungen in Bezug auf die Struktur und Funktion des Nervensystems vorzunehmen. Entsprechend werden häufig zwei Arten von Neuroplastizität in Betracht gezogen: die strukturelle und funktionelle Neuroplastizität.

Strukturelle Neuroplastizität

Die Fähigkeit des Gehirns, seine neuronalen Verbindungen zu verändern, wird als strukturelle Plastizität bezeichnet. Auf der Grundlage dieser Neuroplastizität werden im Laufe des Lebens kontinuierlich neue Neuronen gebildet und in das zentrale Nervensystem integriert. Heutzutage verwenden die Forscher mehr bildgebende Querschnittsverfahren (z. B. Magnetresonanztomographie (MRT), Computertomographie (CT), um strukturelle Veränderungen im menschlichen Gehirn zu untersuchen. Bei dieser Art der Neuroplastizität wird häufig die Wirkung verschiedener interner oder externer Reize auf die anatomische Umstrukturierung des Gehirns untersucht. Veränderungen des Anteils der grauen Substanz oder der synaptischen Stärke im Gehirn gelten als Beispiele für die strukturelle Neuroplastizität. In der heutigen akademischen Welt wird die strukturelle Neuroplastizität am häufigsten auf dem Gebiet der Neurowissenschaften untersucht.

Funktionale Neuroplastizität

Sie bezieht sich auf die Fähigkeit des Gehirns, die funktionellen Eigenschaften von Neuronen zu verändern und anzupassen. Veränderungen können als Reaktion auf frühere Aktivitäten (aktivitätsabhängige Neuroplastizität) auftreten, um Erinnerungen zu erwerben, oder als

Reaktion auf neuronale Fehlfunktionen oder Schäden (reaktive Plastizität), um ein pathologisches Ereignis zu kompensieren. In diesem letzteren Fall verlagern sich die Aufgaben von einem Teil des Gehirns in eine andere Hirnregion und beruhen auf der Forderung nach Wiederherstellung physiologischer oder verhaltensbezogener Prozesse. Was die physiologischen Formen der aktivitätsabhängigen Neuroplastizität anbelangt, so werden diejenigen, die Synapsen betreffen, als synaptische Plastizität bezeichnet. Die Langzeitpotenzierung (LTP) und die Langzeitdepression (LTD) gelten als Indikatoren für die synaptische Plastizität des Gehirns. Die synaptische Plastizität kann durch eine andere Form der aktivitätsabhängigen Plastizität ergänzt werden, die die intrinsische Erregbarkeit der Neuronen einbezieht, die sogenannte intrinsische Plastizität. Im Gegensatz zu der homöostatischen Plastizität hält dies nicht unbedingt die Gesamtaktivität eines Neurons innerhalb eines Netzwerks aufrecht, sondern trägt zur Gedächtniskodierung bei. Studien haben gezeigt, dass die funktionelle Plastizität vor allem mit verschiedenen Lebenserfahrungen wie Jonglieren, Videospielen oder Musiktraining zusammenhängt.

Neuroplastizität und Lernen

Die Beziehung zwischen Neuroplastizität und das Lernen ist einfach zu erklären: wenn wir lernen, bilden wir neue Gehirnbahnen. Jede neue Lektion hat die Fähigkeit, neue Neuronen zu verbinden und die Standardbetriebsart in unserem Gehirn zu verändern. Natürlich ist nicht alles Lernen gleich: das Erlernen neuer Fakten macht sich nicht unbedingt die fantastische Neuroplastizität des Gehirns zunutze, was beim Erlernen einer neuen Sprache oder eines Musikinstruments sicherlich der Fall ist. Durch diese Art des Lernens können wir vielleicht verstehen, wie wir das Gehirn absichtlich wieder vernetzen können.

Das Ausmaß, in dem wir die fast magischen Fähigkeiten des Gehirns nutzen, hängt auch davon ab, wie aktiv wir die Neuroplastizität fördern und wie wir das Leben im Allgemeinen angehen.

POSITIVE PSYCHOLOGIE

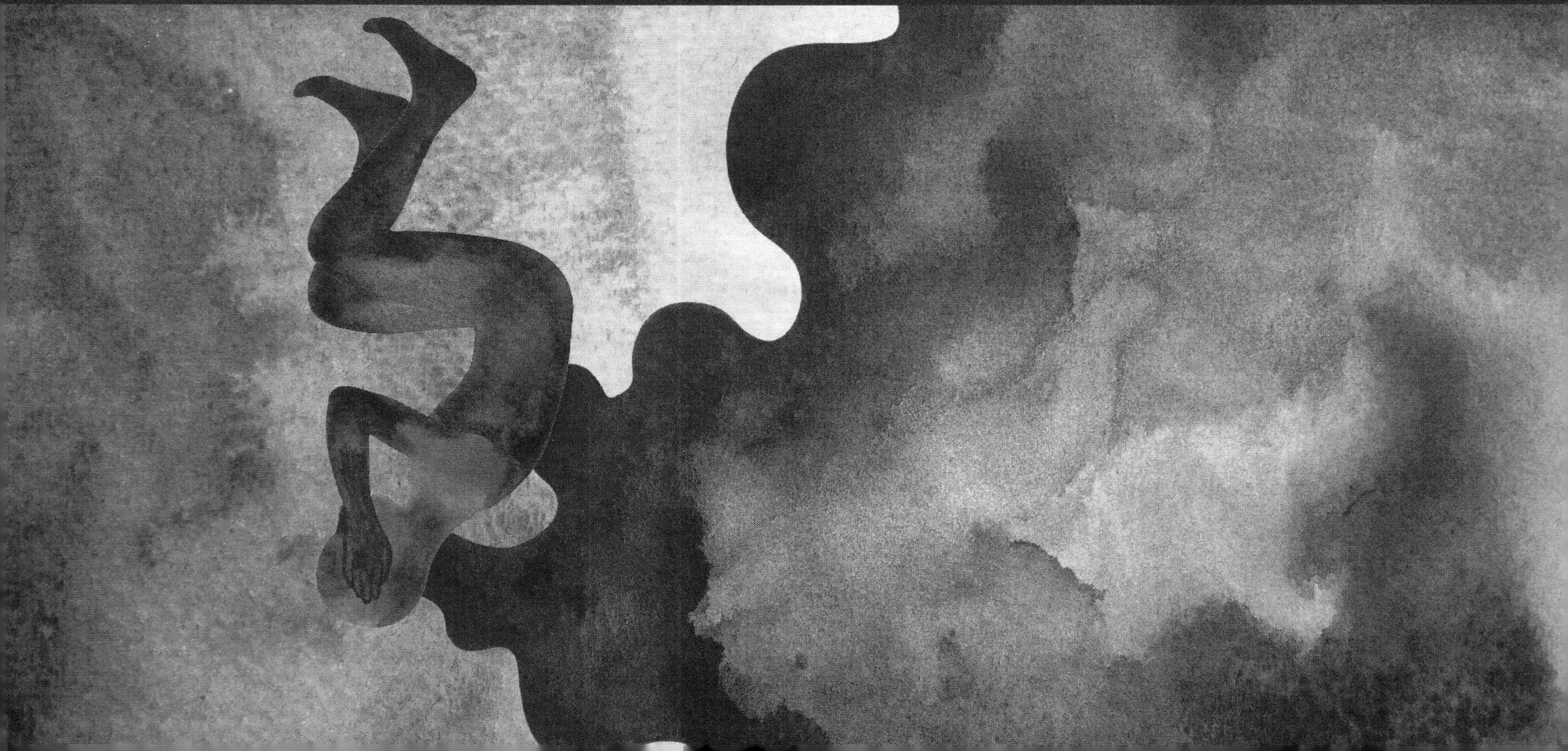

KAPITEL 10

NEUROPLASTIZITÄT IN DER ANGESTBEKÄMPFUNG

Die gleichen Prinzipien gelten auch für die Behandlung von Angststörungen: unser Gehirn ist in der Lage, sich so umzugestalten, dass wir unsere Ängste besser bewältigen können. Allerdings geht jede Veränderung des Gehirns auf Kosten anderer Veränderungen. Die Entwicklung der Teile unseres Gehirns, die Angst auslösen, geht auf Kosten derjenigen, die für Ruhe und Vertrauen sorgen. Es reicht nicht aus, Ängste zu behandeln, die oft im Mittelpunkt des Interesses der Menschen stehen. Die Verbindung zur Angst ist immer noch da und wartet darauf, ausgelöst zu werden. Wir brauchen eine wettbewerbsfähige Verbindung. Wir müssen einen spezifischen Bezug herstellen, zu was wir erreichen wollen, d.h. eine wettbewerbsfähige Verbindung zu dem Problem. Ohne dies würden wir endlos in Angst verharren, ohne einen neuronalen Pfad, der uns aufrecht erhält.

Die Neuroplastizität kann im Grunde genommen angewandt werden, um die Angst zu bewältigen, zu behandeln und vielleicht sogar zu heilen, aber das braucht Zeit und Mühe! Diese Veränderungen im Gehirn können durch die Anpassung und Änderung von Denkmustern, die Gestaltung von Erinnerung und Gedächtnis, Atemübungen, die Änderung von Haltungsgewohnheiten, die Verbesserung des Körperbewusstseins und der Sinneswahrnehmung erreicht werden.

NERVENPLASTIZITÄTS-ÜBUNGEN FÜR ÄNGSTEN UND DEPRESSION

Es gibt nicht viele Übungen, die der Neuroplastizität bei Depression gewidmet sind, aber das bedeutet nicht, dass es nichts zu tun gibt. All diese Aktivitäten und Übungen, von denen du viele aus den eher traditionellen Tipps zur Bewältigung von Depressionen kennst, fördern nachweislich die Neuroplastizität und können bei der Bewältigung von Depressionen hilfreich sein: Gedächtnisaufgaben und -spiele, Jonglieren lernen, ein neues Instrument erlernen, einen neuen Tanzschritt erlernen, Yoga, regelmäßige körperliche Betätigung, anspruchsvolle Denkaufgaben wie Kreuzworträtsel usw.

Das Verständnis der Funktionsweise der Neuroplastizität ermöglicht es den Menschen, die Angst zu überlisten, indem sie gezielte Interventionen durchführen. Die Neuroplastizität verdeutlicht auch, wie spezifische Bewältigungsmechanismen (auch Coping-Mechanismen genannt) echte Veränderungen im Gehirn hervorrufen, die die Bewältigung für eine vollständige Genesung erleichtern können.

Ein oft missverstandenes Merkmal der Neuroplastizität ist, dass sie ständig stattfindet. Unser Gehirn verändert sich nach allem, was wir tun. Was auch immer die Erfahrung ist, ob es sich um eine Handlung oder einen Gedanken handelt, das Gehirn passt sich an. Aber nicht alle Erfahrungen sind gleich. Lektionen, die für das Leben notwendig sind, oder wenn eine Bedrohung erkannt wird, haben beim Aufbau neuer Verbindungen im Gehirn Vorrang.

Das Denken ist eine Erfahrung des Gehirns. Jeder anhaltende Stressfaktor, über den wir uns Sorgen machen, kann eine Person also ängstlich machen. Die Spuren dieser Zeit können noch lange nach dem auslösenden Ereignis (Kindheitstrauma, finanzielle Probleme, Beziehungsprobleme, körperliche Krankheit, Druck am Arbeitsplatz) in unserer Gehirnverdrahtung zu finden sein.

So kann ein Gedanke oder ein Denkstil süchtig nach Wiederholung werden, mühelos und scheinbar ohne unsere Kontrolle. Keine Sorge, es ist auch bekannt, dass die Flexibilität unseres Gehirns bis zu unserem Tod erhalten bleibt, so dass wir immer noch Zeit haben, zu lernen, wie man neuroplastische Arbeit an unserem Gehirn leisten kann.

Das Schlimme an Angst ist, dass sie von Natur aus dazu neigt, den Dingen einen Bedrohungswert beizumessen. Mit anderen Worten: es werden mehr Stresshormone produziert als nötig. Da Bedrohungen bei Veränderungen im Gehirn einen höheren Stellenwert haben, hat jede Aktivität einen erheblichen Einfluss auf neuroplastische Veränderungen.

Andere Räte, um Angst zu bewältigen

Managementtechniken und Vermeidungsverhalten können zu Veränderungen im Gehirn führen und mit der Zeit automatisch werden. Sie sind kein Ausweg aus der Angst, aber sie helfen dabei, sie zu bewältigen. Die Struktur und Funktion unseres Gehirns veränderten sich, so dass wir besser damit umgehen können, anstatt es dauerhaft zu besiegen.

Das ist ein wichtiges Konzept, das oft zu vielen Problemen führt. Gerade die Techniken, die manchen Menschen helfen, mit ihrer Krankheit umzugehen, können zu einem Hindernis auf dem Weg zu einer vollständigen Genesung werden. Das Gehirn, das uns hilft, bei der„Bewältigung", ist kein Gehirn, das uns zum Erfolg führt.

Wettbewerbliche Plastizität

Jede Veränderung des Gehirns geht auf Kosten anderer Veränderungen. Die Entwicklung derjenigen Teile unseres Gehirns, die leicht Angst auslösen, geht auf Kosten derjenigen, die für Ruhe und Vertrauen sorgen. Es reicht also nicht aus, die Ängste, die oft im Mittelpunkt der Menschen stehen, auf einmal zu beenden. Die Verdrahtung der Angst ist immer noch da und wartet darauf, ausgelöst zu werden. Wir brauchen eine wettbewerbsfähige Verkabelung. Wir müssen eine spezifische Verdrahtung für das schaffen, was wir erreichen wollen, d.h. eine „Wettbewerbsverdrahtung" in Bezug auf das Problem. Ohne dies würden wir endlos in Angst verharren, ohne einen neuronalen Pfad, der uns aufrecht erhält. Erinnere dich daran, dass sich das Gehirn durch deine Erfahrung jeden Tag verändert. Wenn sich die Situation ohnehin ändern wird, warum dann nicht zu deinem Vorteil?

Zweitens: Es ist gesund und hilfreich, sich Sorgen zu machen. Wenn man jedoch die Flexibilität verliert, bleibt man stecken. Dies ist die dunkle Seite der Neuroplastizität. Wut ist nicht „schlecht", aber sie wird es, wenn sie als Reaktion darauf ständige Blockaden erzeugt. Angst oder Stress sind natürlich, aber wenn sie lange anhalten, haben sie enorme Folgen für die körperliche Gesundheit. Selbst die Gewohnheit, anderen Menschen zu helfen, ist problematisch, wenn man nicht die Flexibilität und Freiheit hat, „nein" zu sagen. Menschen verfallen in Teufelskreisen, aus denen sie nur schwer wieder herauskommen.

ANGST IST NICHT NUR EIN PROBLEM DES DENKENS

Einer der Gründe, warum es den Menschen oft schwer fällt, ihre Angst zu überwinden, ist, dass sie sie als ein gedankenbasiertes Problem betrachten. Also versuchen sie, eine kognitive Lösung zu finden. Wie bereits erwähnt, ist es nicht immer die beste Lösung, die endlosen ängstlichen Gedanken zu stoppen. Wenn das Ziel nur darin besteht, negative Gedanken zu stoppen, können diese Ansätze daher inkonsequent sein. Das Hauptproblem ist, dass Angst mehr ist als nur Denken. Die auftretende Veränderungen wirken sich auf die körperlichen Empfindungen aus. Es gibt viele Merkmale der Angst, nicht nur gewohnheitsmäßige Gedanken und Denkstile, sondern auch Gedächtnismuster (implizit, semantisch, priming, prozedural), Atemgewohnheiten, visuelle Muster, Haltungsgewohnheiten, Körperbewusstsein und Veränderungen der Sinneswahrnehmung.

Bei der Neuroplastizität ist die aufregende Nachricht, dass wir wissen, dass wir die Situation ändern können. Es mag Konzentration und Wiederholungen erfordern, aber Veränderungen sind möglich. Wenn du dir diese Fähigkeiten angeeignet hast, hast du die Macht, dein Leben zurückzuerobern.

Neuroplastizität ist weder gut noch schlecht. Es ist einfach ein Mechanismus des Gehirns. Das passiert jeden Tag, ob es einem gefällt es oder nicht. Aber wir können lernen, sie zu beeinflussen. Ändere dein Gehirn und ändere deine Lebensweise!

POSITIVE PSYCHOLOGIE

KAPITEL 11

DIE ROLLE DES UNTERBEWUSSTSEINS

Schon mit 21 Jahren hast du den Inhalt einer ganzen Enzyklopädie dauerhaft auswendig gelernt. Unter Hypnose sind Menschen oft in der Lage, sich an Ereignisse zu erinnern, die fünfzig Jahre zurückliegen, und ohne Probleme. Das unbewusste Gedächtnis ist nahezu intakt. Es ist dein bewusstes Gedächtnis, das Probleme bereitet.

Dein Unterbewusstsein hat die Funktion, Daten zu speichern und abzurufen. Seine Aufgabe bestehen darin, dafür zu sorgen, dass du reagierst, wie du programmiert wurdest. Dein Unterbewusstsein wird alles tun, um sich in ein Muster einzufügen, das mit deinem Selbstkonzept übereinstimmt. Deshalb ist die Wiederholung positiver Affirmationen so nützlich: du kannst deine Denkmuster neu programmieren und dich auf den Erfolg ausrichten.

Aus diesem Grund sind motivierende Aktivitäten wie das Lesen von inspirierenden Zitaten so wirkungsvoll für die Menschen, die sie durchführen. Indem du deine Gedanken auf aufbauende Ideen konzentrierst, wird dein Unterbewusstsein beginnen, ein positives Muster in deinem Denken und deiner Lebensauffassung zu implementieren.

Unterbewusste Gedanken sind subjektiv. So wie der bewusste Verstand als Gärtner gesehen werden kann, der die Samen pflanzt, so kann das Unterbewusstsein als der Garten oder der fruchtbare Boden gesehen werden, in dem die Samen keimen und wachsen. Dies ist ein weiterer Grund, warum es so wichtig ist, die Kraft des positiven Denkens in den Mittelpunkt des gesamten Bewusstseinsprozesses zu stellen.

Dein Unterbewusstsein ist ein bedingungsloser Diener, der Tag und Nacht daran arbeitet, dein Verhalten an deine emotionalen Gedanken, Hoffnungen und Wünsche anzupassen. Im Garten deines Lebens lässt dein Unterbewusstsein Blumen oder Unkraut wachsen, je nachdem, was du im Vergleich zu den von dir geschaffenen geistigen Äquivalenten einpflanzt.

Dein Unterbewusstsein verfügt über den so genannten homöostatischen Antrieb, der deine Körpertemperatur auf 98,6 Grad hält, so wie es auch dafür sorgt, dass du regelmäßig atmest und dein Herz schlägt. Es hält das Gleichgewicht zwischen den Hunderten von Chemikalien in den Milliarden von Zellen durch das autonome Nervensystem aufrecht, so dass die gesamte physische Maschine, die meiste Zeit in völliger Harmonie funktioniert.

In dem mentalen Bereich praktiziert das Unterbewusstsein ebenfalls Homöostase, indem es dafür sorgt, dass du auf eine Weise denkst und handelst, die mit dem übereinstimmt, was du in der Vergangenheit getan und gesagt hast.

Alle unsere Denk- und Handlungsgewohnheiten sind in unserem Unterbewusstsein gespeichert. Es hat alle deine Komfortzonen gespeichert und arbeitet daran, dich in ihnen zu halten. Deshalb ist es so wichtig, dass du dir angewöhnst, intelligente Ziele aufzuschreiben. Wenn du produktiv bleibst und dich auf alle deine Ziele konzentrierst, wird das mit der Zeit ein Teil deiner Komfortzone werden.

Jedes Mal, wenn du etwas Neues ausprobierst, wird dein Unterbewusstsein dir wahrscheinlich das Gefühl geben, dass es dir geistig und körperlich unangenehm ist, eines deiner etablierten Verhaltensmuster zu ändern. Furcht- und Angstgefühle sind psychologische Signale dafür, dass ein neues oder bestimmtes Verhalten einige deiner Gewohnheiten prägt oder verändert und dein Unterbewusstsein anregt.

Es kann schwierig sein, Gewohnheiten oder Abhängigkeiten zu durchbrechen, weil man dazu neigt, in diese Muster zu verfallen. Wenn du jedoch lernst, diese Muster bewusst zu schaffen, kannst du dir die Macht der Gewohnheit zunutze machen und absichtlich neue Komfortzonen schaffen, an die sich dein Unterbewusstsein anpassen wird.

Jedes Mal, wenn du etwas Neues ausprobierst, spürst du, wie dein

Unterbewusstsein dich in deine Komfortzone zurückzieht. Schon der Gedanke daran, etwas anderes zu tun als das, was du gewohnt bist, lässt dich angespannt und unbehaglich fühlen.

Das erste Mal Zeitmanagement zu praktizieren, kann aus diesem Grund schwierig sein, aber deine Komfortzone wird dadurch erweitert werden. Auf diese Weise programmierst du dein Unterbewusstsein so um, dass es zu deinen Gunsten arbeitet.

Überlegene Männer und Frauen stoßen immer wieder an die Grenzen ihrer Komfortzone.

Sie sind sich sehr bewusst, wie schnell sich die Komfortzone in jedem Bereich erweitern kann. Sie wissen, dass Selbstgefälligkeit der große Feind von Kreativität und Möglichkeiten ist.

Damit du wachsen kannst, musst du bereit sein, dich bei den ersten Versuchen, neue Dinge zu tun, unwohl zu fühlen, um aus deiner Komfortzone herauszukommen. Es lohnt sich, dies so lange zu tun, bis du eine neue Komfortzone und ein höheres Fähigkeitsniveau erreicht hast, in dem du dich wieder vollkommen wohl fühlst.

Für diejenigen, die ihre Komfortzone erweitern wollen, werden die Gewohnheiten erfolgreicher Menschen als Vorbilder betrachtet. Wenn du die Kraft dieser Verhaltensweisen entdeckst, kommst du dem Ziel, die gleichen Dinge in deinem Leben zu erreichen, einen Schritt näher.

Du musst dir Techniken aneignen, die dir helfen, dein Unterbewusstsein umzuprogrammieren und an dich zu glauben, damit die Angst vor dem Unbekannten dein Selbstvertrauen nicht mehr herausfordert. Aber noch wichtiger ist, dass du auf diese Weise dein Gehirn trainierst, um deine wahren Wünsche, Träume und Ziele im Leben zu verwirklichen.

Je näher du dem Erfolg kommst, desto mehr bist du im Einklang mit deinem Unterbewusstsein. Vielleicht hast du zum Beispiel eine Idee für ein Buch, das schon seit Jahren im Dunkeln liegt. Du wirst den nächsten Schritt tun, um zu lernen, wie man ein Buch mit dem richtigen Maß an Selbstvertrauen schreibt, anstatt sich an den Traum zu klammern, ohne jemals etwas zu machen.

Das Unterbewusstsein ist etwas, das jede Handlung enorm beeinflusst, aber immer wieder unterschätzt wird. Der Schwerpunkt liegt häufig auf unserem bewussten Verstand, der die Funktion des kritischen Denkens in unserem Gehirn ausübt. Unterhalb dieser Schicht befindet sich das Unterbewusstsein. Dazu gehört auch, dass der bewusste Verstand all die Dinge wahrnimmt, die er nicht erkennen kann. Durch den Zugriff auf das Unterbewusstseins spielt dieser außergewöhnliche Teil des Gehirns viele verschiedene Rollen in deinem täglichen Leben.

Dein Unterbewusstsein ist wie eine große Bank von Erinnerungen. Seine Kapazität ist nahezu unbegrenzt. Er speichert alles, was dir widerfährt, dauerhaft. Es hat die Funktion, Daten zu speichern und abzurufen. Es ist kein eigenständiges Denken

oder Argumentieren.

Dein Unterbewusstsein ist ein rücksichtsloser Diener. Dein Verhalten in ein Muster zu bringen, das mit deinen Gedanken, Hoffnungen und emotionalen Wünschen übereinstimmt, funktioniert Tag und Nacht.

Alle deine Denk- und Handlungsgewohnheiten sind in deinem Unterbewusstsein gespeichert. Es hat alle deine Komfortzonen gespeichert und arbeitet daran, dich in ihnen zu halten.

Dein Unterbewusstsein sorgt dafür, dass du dich jedes Mal körperlich und emotional unwohl fühlst, wenn du versuchst, etwas Neues oder anderes zu tun. Es widersetzt sich der Änderung etablierter Verhaltensmuster. Jedes Mal, wenn du etwas Neues ausprobierst, spürst du, wie dein Unterbewusstsein dich in deine Komfortzone zurückzieht. Schon der Gedanke daran, etwas anderes zu tun als das, was du gewohnt bist, lässt dich angespannt und unbehaglich fühlen.

Eine der herausragendsten Gewohnheiten erfolgreicher Männer und Frauen ist es, sich immer wieder aus ihrer Komfortzone herauszuwagen. Sie sind sich sehr bewusst, wie schnell sich die Komfortzone in jedem Bereich ausweiten kann. Sie wissen, dass Selbstgefälligkeit der größte Feind von Kreativität und Möglichkeiten ist.

Du musst bereit sein, dich bei neuen Dingen unwohl zu fühlen, wenn du wachsen und aus deiner Komfortzone herauskommen willst. Probiere es so lange aus, bis du ein neues Kompetenzniveau und eine neue Komfortzone erreicht hast.

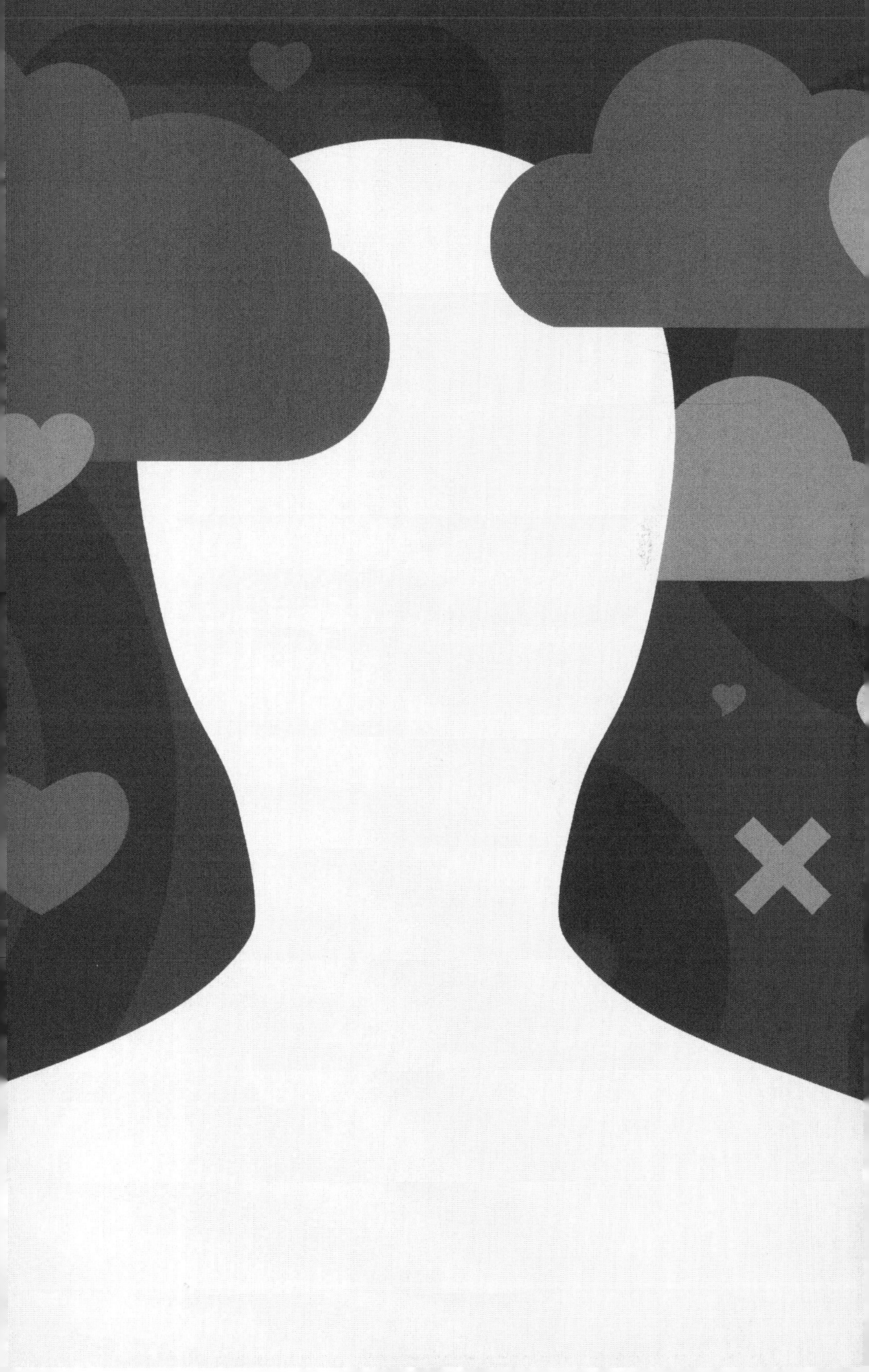

POSITIVE PSYCHOLOGIE

KAPITEL 12

DIE ROLLE DES UNTERBEWUSSTSEINS

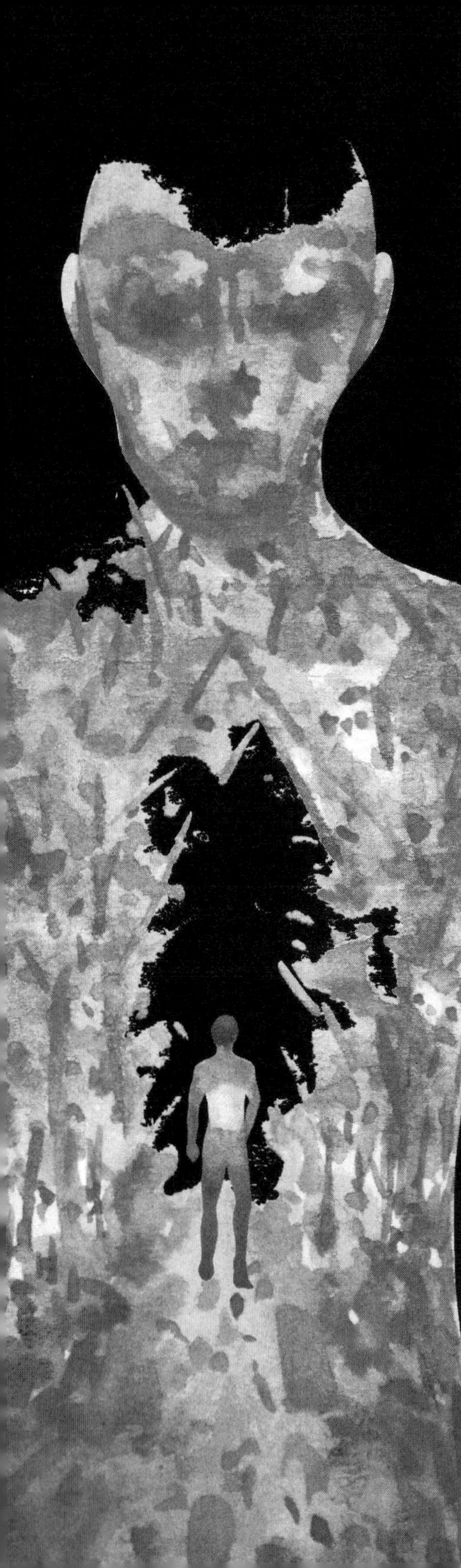

Sie helfen, besser zu schlafen

Jeder, der wie ich in der Vergangenheit mehrfach unter den geistigen und körperlichen Auswirkungen eines schlechten Schlafes gelitten hat, kann diesen sehr wichtigen gesundheitlichen Nutzen der Meditation nachvollziehen: besserer Schlaf. Studien haben bestätigt, dass regelmäßiges Meditieren in kurzer Zeit zu einer deutlichen Verbesserung der Schlafqualität führt und Schlafprobleme behebt. Die Forscher haben auch festgestellt, dass sich der Nutzen auf eine Verringerung des Schläfrigkeitsgefühls bei Tageslicht erstreckt, was sich sehr positiv auf die Lebensqualität auswirkt.

Sie helfen beim Abnehmen

Mit der Meditation kann man enorme Fortschritte in Richtung Gewichtsabnahme machen. Wenn du mit Gewichtsschwankungen zu kämpfen hattest und viele Modediäten und Scheinmedikamente zur Gewichtsreduktion ausprobiert hast, kann es motivierend sein zu erfahren, dass Meditation sich als eine hervorragende Methode zur Unterstützung deiner

Gewichtsreduktionsziele erwiesen hat.

In einer Studie wurde auch festgestellt, dass Achtsamkeit in Kombination mit kognitiver Therapie sehr wirksam bei der Gewichtsabnahme ist. Diätassistenten sollten erkennen, dass das Gewichtsmanagement aus einem Zusammenspiel von Emotionsmanagement, regelmäßiger Bewegung und besseren Essgewohnheiten besteht.

Sie helfen, das Stressniveau zu senken

Wir leben in einer schnelllebigen Gesellschaft, die zu täglichem Stress beiträgt und diesen verschlimmert. Zu lernen, die stressbedingten Auswirkungen auf Körper und Geist zu kontrollieren bzw. zu minimieren, ist für die allgemeine Gesundheit und das Wohlbefinden von entscheidender Bedeutung. Daher ist es erfrischend zu wissen, dass eine Überprüfung von 47 klinischen Studien übereinstimmend ergab, dass Meditationsprogramme „Verbesserungen der Stress- und psychischen Gesundheitskomponente der gesundheitsbezogenen Lebensqualität" zeigen. Eine andere Studie ergab, dass die Konzentration auf die Gegenwart durch Achtsamkeitspraxis den Spiegel des Stresshormons Cortisol senken kann.

Sie verringern die Einsamkeit bei älteren Menschen

Das Älterwerden hat seine Herausforderungen, und Beziehungen haben sich als grundlegend und zutiefst befriedigend erwiesen. Für viele ältere Menschen kann sich die Einsamkeit aufgrund des Verlusts eines Ehepartners oder Lebensgefährten jedoch noch verschlimmern, wenn gleichzeitig medizinische oder psychologische Erkrankungen oder Probleme auftreten. Eine Studie ergab, dass ein achtwöchiges achtsamkeitsbasiertes Programm zur Stressreduzierung bei älteren Menschen die Einsamkeit und die damit verbundene entzündungsfördernde Genexpression reduzierte.

Sie vertreiben negative Gefühle

Ein Arbeitstag am Schreibtisch oder am Computer ist für die Erhaltung der Gesundheit und das allgemeine Wohlbefinden nicht förderlich. Experten empfehlen oft, aufzustehen und sich zu bewegen. Die Techniken der Achtsamkeitsbewegung lassen vermuten, dass die Einbeziehung der Achtsamkeit in das tägliche Handeln sich positiv auf die allgemeine Gesundheit auswirken könnte.

Sie verbessern die Aufmerksamkeit

Laut den Forschern kann ein kurzes Meditationstraining (bereits nach vier Tagen) zu einer verbesserten Fähigkeit führen, die Aufmerksamkeit aufrechtzuerhalten. Weitere Verbesserungen, die sich aus dem kurzen Meditationstraining ergaben, betrafen das Arbeitsgedächtnis, die exekutiven Funktionen, die Video-Raum-Verarbeitung, die Verringerung von Angst und Müdigkeit sowie die erhöhte Wachsamkeit.

Sie helfen bei der Bewältigung chronischer Schmerzen

Millionen von Menschen leiden unter chronischen Schmerzen, manche aufgrund eines Unfalls, der zu langfristigen Behinderungen geführt hat, andere aufgrund einer posttraumatischen Belastungsstörung (PTSD), wieder andere aufgrund einer Krebsdiagnose oder einer anderen schweren Erkrankung. Ziel der jüngsten Forschung ist es, chronische Schmerzen auf gesündere Weise zu bewältigen. Tatsächlich gewinnen Forschung und klinische Studien, die nach Alternativen zu Medikamenten suchen, um Patienten bei der Bewältigung chronischer Schmerzen zu helfen, immer mehr an Bedeutung.

Die achtsamkeitsbasierte Stressreduzierung (MBSR) führt nachweislich zu einer signifikanten Verbesserung der Schmerzwahrnehmung, der Ängstlichkeit, des Wohlbefindens und der Fähigkeit, positiv und fruchtbar an den täglichen Aktivitäten teilzunehmen.

Sie helfen, depressive Rückfälle zu verhindern

Verringerung depressiver Symptome: Meditation kann ein wirksames Mittel sein, um Rückfälle bei Patienten mit wiederkehrenden Depressionen zu verringern. Studien haben gezeigt, dass es die Rückfallquote bei Patienten mit drei oder mehr vorangegangenen depressiven Episoden um fast 50 % reduziert. Sorgfältige Meditationstechniken können nicht nur den Rückfall in die Depression verringern, sondern auch der Depression entgegenwirken, indem sie das negative Grübeln reduzieren und die sich wiederholenden Gedanken über die eigenen vermeintlichen Fehler oder Unzulänglichkeiten aus dem Gleichgewicht bringen.

Eine kognitive Therapie auf der Grundlage von Meditation kann hilfreich sein, um Rückfälle in die Depression zu verhindern. Eine besondere Stärke der Geist-Körper-Technik ist die Art und Weise, wie sie den Teilnehmern zeigt, wie sie sich von den hochgradig dysfunktionalen und tief empfundenen Gedanken, die eine Depression begleiten, lösen können. In einer anderen Studie wurde festgestellt, dass Meditation bei Personen mit einem Kindheitstrauma einen erheblichen Schutz vor Rückfällen bietet, indem sie die Anfälligkeit für Depressionen verringert.

Sie verringern die Angst

Forscher haben herausgefunden, dass bereits eine einzige Sitzung mit Achtsamkeitsmeditation zu einer deutlichen Verringerung der Angst führen kann. Für die Studie untersuchten die Forscher den Zusammenhang zwischen dem Angstniveau der Teilnehmer und dem Blutdruck. Nach einer einzigen Meditationssitzung stellten sie messbare Verbesserungen fest. Die Forscher vermuten, dass Achtsamkeitssitzungen dazu beitragen, das kardiovaskuläre Risiko zu senken.

Sie verbessern die kognitiven Fähigkeiten

Meditation kann die Gehirnfunktion aufgrund der Plastizität des Gehirns und seiner Fähigkeit, sich mit der Zeit zu verändern, verbessern. In einer 2003 in der Zeitschrift „Psychosomatic Medicine" veröffentlichten Studie wurden die Auswirkungen eines achtwöchigen Achtsamkeitsmeditationsprogramms auf die Gehirnfunktion untersucht. Diese Ergebnisse zeigen zum ersten Mal, dass Meditation die Gehirnaktivität im linken vorderen Teil des Gehirns erhöht. Diese Hirnregion wird mit der Widerstandsfähigkeit gegenüber widrigen oder stressigen Ereignissen in Verbindung gebracht, was darauf hindeutet, dass Achtsamkeitstraining die kognitiven Auswirkungen von Stress abmildern kann.

Eine 2005 in „Neuroreport“ veröffentlichte Studie ergab, dass Meditation auch die Aktivität der Großhirnrinde erhöht. Regelmäßige Meditationspraxis kann zu einem erhöhten Dicken in den Regionen des Kortex führen, die visuelle und auditive Informationen verarbeiten. Der Kortex spielt auch eine wichtige Rolle bei der Aufrechterhaltung des gegenwärtigen Bewusstseins und der Regulierung von Emotionen, so dass die Aufmerksamkeit und die Selbstbeherrschung verbessert werden.

Der Mensch verlässt sich auf etablierte Assoziationen und kognitive Abkürzungen, um sich in der Welt zurechtzufinden. Wenn es jedoch um bestimmte Vorurteile geht, können diese Assoziationen destruktiv sein. Im Zusammenhang mit dem Strafrecht ist es beispielsweise von entscheidender Bedeutung, dass sich alle am System Beteiligten - von den Polizeibeamten über die Staatsanwälte bis hin zu den Richtern - ihrer eigenen Vorurteile bewusst sind.

POSITIVE PSYCHOLOGIE

FAZIT

Das Grübeln ist ein Verhalten, das jeden treffen und jederzeit auftreten kann. Es kann leicht ein Symptom für verschiedene Arten von Angststörungen oder Depressionen sein. Die Anspannung und Sorge, die du angesichts verschiedener Situationen und Hindernisse in deinem Leben empfindest, können schnell in ein Überdenken umschlagen und dazu führen, dass du dich fragst, was du tun sollst oder wie du das Schlimmste verhindern kannst. Die Wahrheit ist, dass man Dinge, die außerhalb der eigenen Kontrolle liegen, nicht ändern kann. Was du machen kannst, ist, das Bewusstsein und die Fähigkeit zu erlangen, mit dem umzugehen, was schon immer in deiner Hand lag und immer liegen wird.

Wenn du den Teufelskreis des Überdenkens durchbrechen willst, ist es wichtig, dass du Strategien praktizierst, wenn du merkst, dass es dich überkommt. Der erste Schritt besteht darin, deine Gedanken umzulenken und dich daran zu erinnern, dass du dein Bestes tust. Der nächste Schritt besteht darin, einen Aktionsplan zu erstellen.

Manchmal denken wir zu viel nach, weil wir nicht wissen, was wir machen sollen. Du musst deine Gefühle nicht ändern oder dich für sie schämen, aber du kannst lernen, sie zu akzeptieren und loszulassen, damit du deinen Alltag fortsetzen kannst. Wenn möglich, kannst du dich darauf konzentrieren, alternative Interpretationen des Problems zu finden, die neue Szenarien für effektivere Lösungen eröffnen können.

Chronisches Überdenken lässt sich zwar nicht im Handumdrehen lösen, aber es ist auch nicht unmöglich, es zu besiegen. Wenn du herausfindest, was und wie funktioniert, wirst du dich in kürzester Zeit besser fühlen, und du musst geduldig bleiben, um die langfristigen Ergebnisse zu sehen.

Negative Gedanken, Worte und Verhaltensweisen erzeugen im Körper physiologische Reaktionen. Unser Immunsystem ist geschwächt, unsere Verdauung verlangsamt sich und andere Symptome wie Entzündungen, Kopfschmerzen und Müdigkeit können auftreten. Mit der Zeit bringt ein hohes Stressniveau den Körper aus dem Gleichgewicht und öffnet die Tür für Krankheiten. Das Grübeln ist eine zerstörerische Barriere, wenn es hypothetische Situationen in deinem Geist konfrontiert werden und die Negativität verstärkt, indem es den hervorragenden Weg, auf dem du dich befindest, herabsetzt. Die Tendenz, über alles nachzudenken, hindert dich in jedem Fall daran, produktiv zu sein. Wenn du aufhören würdest, zu viel nachzudenken, wären 99% deiner Probleme gelöst. Jetzt weißt du, dass ein gutes Leben aus Ruhe und Gelassenheit besteht und nicht aus übertriebenem Denken.

Gedanken sind mächtig: sie werden zu deiner Realität. Was auch immer du ständig in deinem Kopf hast, ist genau das, was du in deinem Leben erleben wirst. Dies ist ein Konzept, das die erfolgreichsten Menschen der Welt sehr gut kennen. Der einzige Unterschied zwischen ihnen und allen anderen ist, dass sie gelernt haben, sich die Macht der Gedanken zunutze zu machen, um ihre Ziele zu erreichen.

Für Menschen, die entschlossen sind, nicht mehr zu viel zu denken, ist das eine gute Nachricht: Man wird nicht als Überdenker geboren, und alle Menschen haben Verhaltensmuster. Im Laufe der Zeit entwickeln wir diese Muster auf der Grundlage von Lebenserfahrungen. Und so wie Gewohnheiten erlernt werden, können sie auch wieder abgelegt werden. Der Schlüssel dazu ist es, die Auslöser zu identifizieren und dann entschiedene Maßnahmen zu ergreifen, um sie zu bewältigen und so deine Denkweise zu ändern.

In dem Maße, in dem du dich entscheidest, nicht mehr zu viel nachzudenken und im Augenblick zu leben, wird sich der innere Frieden manifestieren und sich positiv auf dich und die Menschen um dich herum auswirken. Aus dieser Perspektive können sogar negative Emotionen, wenn sie als Geschenke behandelt werden, die dir gegeben wurden, um dich wachsen zu lassen, transformiert werden und zu außerordentlich positiven Ergebnissen führen.

Bitte bleib nur einen Moment!

Wenn dir dieses Buch gefallen hat oder du es nützlich gefunden hast, wäre ich dir sehr dankbar, wenn du eine kurze Rezension auf Amazon schreiben würdest.

Deine Hilfe macht einen Unterschied, und ich persönlich lese alle Rezensionen, damit ich wertvolles Feedback bekomme und dieses Buch immer weiter verbessern kann.

Nochmals vielen Dank für deine Unterstützung!

Printed in Poland
by Amazon Fulfillment
Poland Sp. z o.o., Wrocław

91268766R00074